韓国徴用工裁判とは何か

JN048218

竹内 康人

表紙写真：原告の李春植(左，日本製鉄釜石)，梁錦徳(右，三菱重工業名古屋)．2019年8月15日，ソウル，筆者撮影．

岩波ブックレット No. 1017

はじめに

二〇一八年一〇月三〇日、韓国の大法院（最高裁判所）は戦時に日本製鉄に動員された朝鮮人徴用工による訴訟への判決を出しました。そこでは、戦時の朝鮮人の強制動員を、「日本の不法な植民地支配や侵略戦争の遂行に直結した日本企業の反人道的不法行為」とし、強制動員被害への慰謝料請求権を認めました。判決文ではこの権利を略して、「強制動員慰謝料請求権」と記しています。一一月二九日には、三菱重工業広島と三菱重工業名古屋での強制労働に対しても、大法院は同様の結論を出しました。これらの判決は強制動員被害者の尊厳を回復するという画期的なものでした。

しかし日本政府は強制動員の実態を認めようとせず、判決を国際法違反とみなしました。そして韓国に対して輸出管理の強化を名目とした経済報復をおこなうようになりました。マスコミでは反韓国を煽る記述が目立つようになり、徴用は強制労働ではない、問題は解決済みだとする主張もみられます。

本当に強制労働はなかったのでしょうか。判決は国際法違反でしょうか。問題は解決しているのでしょうか。

本書では、日本政府や企業の資料を利用して戦時の強制動員の実態を明らかにしたいと思います。また、日本側が戦後の日韓請求権協定において、植民地支配を不法と認めることなく、韓国側の請求を経済協力で処理した経過について記します。そして今回の強制動員判決の意義と動員被害者の救済の方法について考えたいと思います。

では、強制動員の経過、強制動員の数、強制労働の実態、未払金処理の概要、日韓請求権交渉の問題点、韓国大法院判決の意義、日本政府の対応の問題点、植民地責任をとることの意義の順にみていきましょう(文中敬称略、企業名の製鐵は製鉄と記載)。

第1章　朝鮮人強制動員の経過

1　徴用工とは

はじめに徴用工という用語について説明します。

国家総動員法の下で労務動員計画が立てられ、朝鮮半島から日本へと朝鮮人が労務動員されました。この労務動員は一九三九年からは「募集」、四二年からは「官斡旋《あっせん》」、四四年からは「徴用」の形でおこなわれました。日本政府は動員のために警察署内に協和会を設立して朝鮮人を監視し、動員数にあわせて警察官を増員しました。一九四四年には軍需会社を指定し、それにより、動員されていた朝鮮人も軍需徴用しました。

軍務動員では、一九三八年から志願兵、一九四四年からは徴兵によって朝鮮人を動員しました。また、軍の労務のために工員、傭人、軍夫など、軍属としても動員しました。軍や事業所関係で「慰安婦」として動員された朝鮮人もいました。

動員数をみれば、日本への労務動員が約八〇万人、軍人・軍属などの軍務動員が約三七万人です。ほかに、南洋、樺太、満洲にも労務動員されています。朝鮮内でも勤労報国隊、官斡旋、徴用などで労務動員がなされました。

このような労務や軍務での動員を朝鮮人の強制動員、あるいは強制連行といいます。徴用工とは、このような動員政策によって日本をはじめ各地に連行され、労働を強いられた人びとのことです。したがって徴用工とは強制動員被害者を示すものです。

2　募集による動員

では、募集による日本への労務動員はどのようにすすめられたのでしょうか。

一九三七年からの中国への全面戦争により、総力戦態勢がとられ、一九三八年四月には国家総動員法が、一九三九年七月には国民徴用令が公布されました。動員に先立ち、同年六月には中央協和会が設立され、各地に協和会がつくられていきました。七月、労務動員計画が閣議決定され、「朝鮮人労務者内地移住ニ関スル件」が出されました。それにより、募集の名による朝鮮人の労務動員がはじまったのです。

朝鮮総督府警務局保安課が作成した『高等外事月報』の第二号（一九三九年八月）には、募集による動員方針を示す「朝鮮人労働者内地移住ニ関スル方針」、「朝鮮人労働者募集要綱」（内地側）、「朝鮮人労働者募集並取扱要綱」（朝鮮総督府側）などが収録されています。この計画によって、九月から朝鮮現地での募集がはじまりました。募集といっても動員計画によるものです。企業は地方長官経由で政府・厚生省に動員希望数を出し、厚生省の承認を得た後に、総督府から朝鮮人を募集する道と郡の指定をうけ、現地の官憲と協力して募集していったのです。

慶尚北道《キョンサンプクド》には開拓労務協会、慶尚南道《キョンサンナムド》には内鮮協会などの官制組織があり、募集企業は寄付金を出して、動員を委ねています。指定された郡で面（行政区分）の職員や警察の協力により、企業による集団募集がなされたのです。それは強権的な朝鮮総督府の警察機構を利用した、国策による強制的な集団動員でした。一〇月に入り、募集された朝鮮人は北海道や福岡の炭鉱などに連行されました。

一九四一年二月、政府・内務省は、「朝鮮人労務者移住促進ニ関スル緊急措置ニ関スル件」で、朝鮮人の日本への集団移住をうながし、縁故による渡航者についても鉱業へと動員することをねらいます。また、争議を防止し、動員者を定着させるために家族の呼び寄せも認めました。同年四月、内務省の「労務動員計画実施ニ伴フ所謂縁故ニヨル朝鮮人労務者ノ移住取扱ヒニ関スル件」には、縁故による渡航者五〇〇〇人分の割当表がついています。縁故による渡航者を一九四一年度の労務動員計画に充当したことがわかります。縁故による渡航者もまた、募集による動員に組み込まれたわけです。

動員を担うため、朝鮮総督府内に一九四一年六月、朝鮮労務協会が設立されました。また、同年一一月には、国家統制により石炭統制会が設立され、石炭の増産と労働者の確保がすすめられました。

3　官斡旋による動員

募集による動員から約二年が経ち、一九四二年度からは、労務動員計画から国民動員計画に名称を変え、官斡旋による動員がはじまりました。アジア太平洋地域での侵略戦争の拡大により、労働力の需要が高まり、さらに動員が強められたのです。

この官斡旋の動員は一九四二年二月の「朝鮮人労務者活用ニ関スル方策」の閣議決定によってはじめられました。朝鮮総督府は「朝鮮人内地移入斡旋要綱」を策定し、総督府の下に置かれた朝鮮労務協会を利用しました。日本政府による承認を得た企業に、朝鮮総督府へと朝鮮人労務者斡旋申請書を提出させ、郡単位で人々を駆りあつめ、隊組織を編成し、軍事的な集団訓練をおこなったうえで動員したのです。また政府は同年二月、「移入労務者訓練及取扱要綱」を作成しました。これは労務動員された朝鮮人を職場で管理し、統制するためのものでした。

同年三月の鉄鋼統制会の会議では、日本製鉄八幡・輪西《わにし》、日本鋼管川崎・扇町、中山製鋼尼崎、日亜製鋼尼崎、宮製鋼本社、徳山鉄鈑、東洋鋼鈑下松、日本特殊鋼管砂町、内外製鋼船堀、日本鋼業本社への朝鮮人の動員計画が示されていますが、朝鮮人を集める道や郡が指定されています。鉄鋼統制会は官斡旋による動員に対応し、日本製鉄京城事務所に係員を常駐させました(「半島人労務者移入ニ関スル件」)。

増加する朝鮮人の動員に対応し、同年五月には、山口県の下関で石炭統制会、鉱山統制会、鉄鋼統制会、土木工業協会などが朝鮮人労務者輸送協議会をもち(下関会議)、動員の申し込みを総督府の労務課にすることや、東亜旅行社が輸送を担当することなどを決めます。また、現場から逃走する朝鮮人が多いため、同年八月には、「移入朝鮮人労務者逃走防止対策要綱」が示され、逃走防止のための会合がもたれました。

中央協和会の「移入朝鮮人労務者状況調」(一九四二年)には、一九四二年六月までに全国三九六か所に一七万四一七〇人が動員されたこと、そして動員先の事業所の名称や事業所ごとの動員数が記されています。

労務動員をすすめるために、労務報国会も設立されました。また、二年で満期を迎える動員者に対して、一九四二年一〇月、就労期間延長督促班が編成され、主要な現場に派遣されました。

日本国内の朝鮮人を海軍の労務要員として徴用するために、一九四二年九月に「半島人各府県別割当人員表」が作成されています。この表では、朝鮮人が横須賀、三重の津、千葉の八重原《やえはら》、茨城の阿見《あみ》、広島の呉《くれ》、大竹、佐世保《させぼ》、舞鶴、鳥取の大篠津《おおしのづ》などの軍用工事現場に動員されています。軍の労務要員(軍属)として朝鮮人の徴用が、労務動員とは別になされたことがわかります。彼らも徴用工です。

朝鮮人だけでなく中国人や連合軍捕虜も動員されました。中国からの強制連行にむけ、一九四二年一一月に「華人労務者内地移入ニ関スル件」が決定されました。駆り集められた中国人は契約労働者と偽装され、約四万人が日本に連行されました。また、連合軍捕虜は約三万六〇〇〇人が日本に連行され、労働を強いられました。

4 徴用による動員

労務動員では、官斡旋による動員の実施から二年を迎えようとするなか、一九四三年一二月に軍需会社法が施行されました。それにより一九四四年一月、日本製鉄、三菱重工業、中島飛行機など主要な重化学工場が、四四年四月には、三井鉱山や三菱鉱業をはじめ、主要な炭鉱が軍需会社に指定されました。軍需会社に指定されると、そこで働く人々は徴用扱いとされました。これを軍需徴用、または現員徴用といいます。募集や官斡旋で動員され、現場に残っていた朝鮮人も徴用扱いとされました。軍需徴用されると、知事から徴用告知書が渡されました。

官斡旋による動員者は二年契約のものが多く、一九四四年の四月以降、帰国を求める朝鮮人が増え、争議も起きました。それに対して政府は、四月に「移入朝鮮人労務者ノ契約期間延長ノ件」を出して、定着を強要しました。朝鮮現地では官斡旋による動員が続けられますが、動員への抵抗により、割り当てられた人数を確保できないことが多くなります。

この頃、植民地の行政事務を内務省管理局が管轄していましたが、内務省は朝鮮に担当者を派遣し、状況を報告させています。内務省管理局から朝鮮に派遣された小暮泰用による復命書（報告書）は一九四四年七月に記されていますが、官斡旋での朝鮮現地での動員を「人質的略奪」、「拉致」と記しています。甘言で騙《だま》して連れてくる、これを欺罔《ぎもう》による連行といいますが、それができなくなると暴力的な拉致がなされたのです。現地の動員担当者はより強力な動員態勢を求め、徴用の発動による動員を願うようになりました。

このようななかで、一九四四年八月、「半島人労務者ノ移入ニ関スル件」が閣議決定され、九月からは徴用による労務動員がおこなわれたのです。徴用は、政府・厚生省が地方長官経由で各企業に割当数の認可を伝え、企業は徴用申請書を政府・軍需省経由で朝鮮総督府に提出し、総督府の下で道知事が徴用を発令するという形ですすめられました。朝鮮総督府の鉱工局に勤労動員課がおかれ、動員業務をおこなうようになりました。一一月、中央協和会は中央興生会に改組されました。

一九四五年一月には、軍需充足会社令が公布されました。それにより、土建業や港湾・運輸業の労働者も徴用扱いになっていきます。

六月、朝鮮総督府は「徴用忌避防遏《ぼうあつ》取締指導要綱」を作成しています。現地では徴用忌避の動きが強かったのですが、この要綱では徴用忌避があった場合、その家族、親戚、愛国班（日本における隣組）から代わりに人を送出することを求めています。このように六月に至るまで、現地では割当数を満たすために執拗な動員がすすめられました。日本への動員は六月で終わります。

5　日本への労務動員数

内務省「労務動員関係朝鮮人移住状況調」

日本本土への労務での朝鮮人の強制動員数はどれくらいになるのでしょうか。

内務省警保局の理事官だった種村一男が残した資料のなかに警察の予算請求の文書があります。そこには日本国内の朝鮮人を監視していた内鮮警察による統計が含まれています。

そのひとつが一九四三年一二月末現在の「労務動員関係朝鮮人移住状況調」（「昭和二〇年度追加

予算参考書」『種村氏警察参考資料第一一〇集』）です。この統計には年度毎、道府県毎の動員数が記されていますが、一九三九年から四三年末までの動員総数を四九万二九五五人としています。この統計は初期の縁故募集による動員者を含むものです。また、一九四四年度の動員予定数を二九万人とする「昭和十九年度新規移入朝鮮人労務者事業場別数調」（「内鮮警察機構整備に要する経費説明」『同第九八集』）という資料もあります。

これらの資料に示された一九四三年末までの動員数と四四年度の動員予定数を合計し、四五年度に入っての動員状況を勘案すると、動員数は約八〇万人と考えることができます。

朝鮮総督府鉱工局勤労動員課資料

朝鮮人を送り出した側が朝鮮総督府鉱工局勤労動員課であり、この資料も重要です。第八六回帝国議会説明資料には、この朝鮮総督府鉱工局勤労動員課による「内地樺太南洋移入朝鮮人労務者渡航状況」が含まれています。動員予定数を含むものですが、一九四四年一二月末までに六五万一一四一人を動員するとしています。

この鉱工局の勤労動員課長だった豊島陞《とよしまのぼる》は「朝鮮人の労務動員に関するメモ」を残しています。このメモには一九四二年度に一一万九七二一人、四三年度に一二万八二九六人、四四年度に二八万五六八二人、四五年度に一万六二二二人という動員数が記されています。合計すると、一九四二年度から四五年度までの動員数は五四万四三二一人に及びます。

また、メモには一九四二年六月から四五年六月までの月ごとの動員数も記されています。それによると、徴用が発動された一九四四年九月には四万人、一〇月には三万人を超える動員がなされたことになります。さらに、その後の四四年一一月から四五年二月までの動員数は一〇万人を超えます。動員末期の四五年六月にも九〇〇〇人ほどが日本に送られています。強制的な大動員がなされたのです。

加えて戦後の統計ですが、大蔵省管理局『日本人の海外活動に関する歴史的調査』一〇朝鮮篇九（一九四七年）には、「朝鮮人労務者対日本動員調」があり、そこでは動員総数を七二万四七八七人とし、終戦時の現在員数を三六万五三八二人としています。

このように、内務省統計では日本への労務動員数は、縁故募集を含む募集、官斡旋、徴用で約八〇万人となります。この数字は日本への到着数です。一方、総督府の統計では、縁故募集を入れない労務動員数が約七二万人となります。

なお、大蔵省の『日本人の海外活動に関する歴史的調査』には、「朝鮮人労務者対日本動員調」のほかに、朝鮮人への「国民徴用実施状況」、「朝鮮内に於ける官斡旋労務者数調」、「道内動員数調」、「軍要員送出労務員数調」、官斡旋・徴用・道内動員数調査（表題なし）などの表も入っています。これらの統計文書の作成を委託されたのは、「韓国一般請求権のうち朝鮮人徴用労務者、軍人軍属、文官恩給該当者数に関する件（井関局長指示事項）」（一九六二年一月、外務省・北東アジア課）から、豊島陸であったことがわかります。大蔵省の統計には朝鮮総督府の資料が利用されているわけです。

石炭統制会文書

日本への労務動員の四割ほどが炭鉱への動員であり、動員数は三〇万人を超えました。

石炭統制会労務部京城事務所「半島人労務者供出状況調」からは、一九四三年一月から一二月の炭鉱ごとの動員数がわかります。それによると一年間で約六万八〇〇〇人が日本の炭鉱に送られています。また、石炭統制会の統計である「労務状況速報」、「県別炭礦労務者移動調」などからは、一九四三年五月から一九四四年八月までの炭鉱ごとの朝鮮人の動員状況がわかります。

さらに、石炭統制会福岡支部「支部管内炭礦現況調査表」からは、一九四二年四月から四五年一月にかけて、一四か月分の欠落があるものの、二〇か月分の九州など(福岡・佐賀・長崎・山口)の炭鉱での動員状況(ひと月の動員数や現在員数)を知ることができます。

それに加え、一九四二年六月までの事業場別の動員数については、中央協和会の「移入朝鮮人労務者状況調」からわかります。

これらの資料を照合すると、九州については、数か月の欠落はあるものの、一九三九年から四五年はじめまでの、炭鉱ごとの集団動員の数を知ることができます。たとえば、三井鉱山の三池《みいけ》炭鉱には約七四〇〇人、三菱鉱業の高島炭鉱には約三一〇〇人が動員されたことを確認できます。不明の期間が数か月ありますが、厚生省勤労局調査などの他の資料の記載をふまえれば、三池炭鉱への連行数を九〇〇〇人ほど、高島炭鉱への連行数を四〇〇〇人近くと推定できるわけです。

6　軍務動員数

では、朝鮮人の軍人や軍属など、軍務での動員数はどれくらいになるでしょうか。

外務省アジア局第一課の一九五六年六月七日付「朝鮮人戦没者遺骨問題に関する件」では、朝鮮人軍人・軍属の動員数を、陸軍約二五万七〇〇〇人、海軍約一二万人としています。合計は三七万人を超えます。この数値は戦後の復員資料によるものです。

陸軍における朝鮮人の軍人・軍属の動員統計には、「朝鮮人人員(総括)表(陸軍)」(一九五二年一月三一日、森田芳夫《もりたよしお》調査)があります。そこでは、陸軍での朝鮮人の動員数を二五万七四〇四人、うち陸軍留守名簿などの名簿があるものを一四万四六〇一人、名簿がないものを一一万二八〇三人としています。陸軍の軍人・軍属の内訳は、軍人が約一八万七〇〇〇人、軍属が七万人です。

動員はしたが名簿がないものについては、防衛省の研究所にある陸軍の満洲関係部隊の復員関係資料に、部隊ごとの朝鮮人の人数の記録はあるが名簿がないとする記述があり、参考になります(「編成定員開戦時総人員鮮台沖等の検討」など)。動員名簿で失われてたものがあったのです。

朝鮮人の海軍への動員については、「もと朝鮮籍の旧海軍軍人軍属員数表」(一九六二年一月一六日、厚生省援護局整理第二課)があり、朝鮮籍旧海軍軍人軍属の「履歴原表」(海軍の個表)から動員数を一一万三七一二人としています。このうち氏名不詳が一万四七四四人とされています。海軍にも名簿がないものがあったのです。海軍の軍人・軍属の内訳は軍人が約二万二〇〇〇人、軍属が約九万一〇〇〇人です。

戦後の日韓請求権交渉で日本政府が韓国側に示した資料が、厚生省援護局「朝鮮在籍旧陸海軍軍人軍属出身地別統計表」(一九六二年二月二八日)です。ここでは、陸軍一四万三三七三人、海軍九万八九六八人としています。合計すると二四万人ほどです。

ここで示した資料を照合すると、日本政府が一九六二年に韓国側に示した統計資料は、名簿がないものの数値を抜いたものであることがわかります。名簿がない約一二万七〇〇〇人の存在が消されているのです。

陸海軍の軍属の数は一六万人を超えます。軍属は多くが徴用された人びとであり、工員、傭人、軍夫などの名で軍の労働を強制されたのです。かれらも強制動員者であり、徴用工です。

沖縄に陸軍軍属として動員された特設水上勤務中隊の名簿を見ると、死亡推定と処理されたままの人びとが数多くいます。この時動員された人びとは当時の心境を「父母兄弟と生き別れ、日本人の奴隷として連行された」、「もう生きては帰れまい」、「日本人の奴隷となって死ぬ」と語っています(『恨　朝鮮人軍夫の沖縄戦』)。戦後七〇年が経ったいまでも、生死の真相が明らかにされないままなのです。それは日本人と同等に扱われていないことを示すものです。

第2章　朝鮮人強制労働の実態

つぎに朝鮮人の強制労働の実態について、企業の文書や動員された人びとの証言を用いてみていきます。

1　企業文書からみた動員

一九四四年五月、北炭夕張への連行と抵抗

北海道炭礦汽船（北炭）は戦時に三万人を超える朝鮮人を動員しました。主な炭鉱に夕張、平和、空知《そらち》、幌内《ほろない》などがありました。

北炭の資料『釜山《プサン》往復』から動員状況をみてみます。一九四四年五月三一日に北炭の労務補導員が釜山駐在員へと状況報告を送っています。そこには全羅南道《チョルラナムド》の霊光《ヨングアン》郡からの軍要員と、それに続く北炭夕張炭鉱への集団動員の状況が記されています。

一九四四年五月に霊光郡で軍の北方要員（千島や樺太での軍の労務）一〇〇人の徴用命令があり、二一日に面で「強制的ニ連行」したのですが、三六人しか集めることができなかったのです。そこでさらに一二〇人の徴用を割り当て、警察や職員を総動員し、「寝込ヲ襲ヒ」「田畑ニ稼動中ノ

者ヲ有無ヲ言ワサズ連行」し、二二日に八四人を軍の要員として輸送したと記されています。

北炭への連行は、この北方への軍要員の動員に続いてすすめられました。しかし、五月二六日に集まったのは割当一〇〇人に対し、六四人でした。郡庁へと連行する途中で逃走する者があり、また、老人(「息子逃走身代リトシテ父親ヲ連行セル者」)や病人が多く、郡庁で四〇人を引き継ぎ、送出することになりました。しかし無理な送出であり、「家族等ト郡職員及面職員トノ間ニ大乱闘」がおき、その間に六人が逃走しました。残った人びとを自動車で運びましたが、松汀里《ソンジョンニ》でさらに四人、列車でも一人が逃走しました。麗水《ヨス》の港では病気のために一人を送還し、夕張炭鉱に連行できたのは二八人でした。

このように軍による徴用や官斡旋での労務動員のなかで、現地では抵抗が起き、動員がうまくいかない状況が生まれていたのです。

北炭『釜山往復』には、「チロ送出情報」が収録されていますが、この資料も動員状況を示す重要なものです。チロとは朝鮮人労務者の略です。朝鮮人は人的供出対象とされ、モノのようにみなされていたことがわかります。

四四年五月、隠蔽された逃走朝鮮人の撲殺

北炭の資料『争議関係』には、「移入半島人ニ対シ傷害致死事件発生ニ関スル件」(一九四四年五月二四日)が含まれています。この文書によれば、逃走する朝鮮人が多いため、北炭夕張炭鉱・北炭平和炭鉱・三菱大夕張炭鉱の三者は共同して、五月一〇日から六月二〇日の四二日間、九か所に警戒員を駐在させて逃走者を監視しました。

監視拠点のひとつが、勇払《ゆうふつ》郡安平《あびら》村（現在の安平町）の追分駅前の岩手屋旅館でした。警戒員は本安平炭鉱の木炭小屋に二〜三人が隠れているという情報を得て、五月二二日の早朝、逃走した朝鮮人を発見して格闘となりました。

そのとき、岩城在祥（一九二二年生）はコマイの棒切れで前額を殴られ、夕張炭鉱の鉱山病院に運ばれましたが、午後九時三〇分に死亡しました。岩城は慶南梁山《キョンナムヤンサン》郡から一九四三年九月二〇日に北炭平和炭鉱の真谷地《まやち》坑へと連行され、真谷地第一協和寮に収容されていました。一九四四年五月一七日の午前二時頃に岩城は仲間と三人で逃走しました。ともに逃走した金本仙徳は捕らえられ、岩城恵鎬は格闘の間に逃走しました。

北炭平和側は本人の死を「絶対ニ秘シテ公表セヌコト」とし、捕らえた金本は真相を発表するおそれがあるため、警察に留置し、機会を見て北方へと連行するように話をつけました。岩城の故郷へは、逃走中に山中で負傷し、加療中に心臓麻痺を併発して死亡したと通報することにしました。そして、警察へ照会があったときには、同一歩調を取るように連絡をしたのです。

別の資料には、一九四三年九月に北炭平和へと梁山郡から六一人が連行されたことを示す「昭和十八年九月二十日到着半島人名簿」があります（『戦時外国人強制連行関係史料集Ⅲ朝鮮人２中』八七二頁）。その名簿では、三人は共に梁山郡の熊上《ウンサン》面出身であり、岩城在龍、岩城眞鎬、金本千徳と記されています。

逃走朝鮮人の撲殺を企業と警察が共謀して隠蔽したのです。その真相は今からでも究明すべきです。

2　行政文書からみた動員

募集による動員と抵抗

行政文書には、朝鮮人の動員だけでなく抵抗についても記されています。

一九三九年九月からはじまった募集による動員状況が『高等外事月報』三の「朝鮮人労働者内地移住状況」からわかります。三井系の北炭は全羅北道《チョンラブクド》・全南《チョンナム》・慶南から計一二五〇〇人、三井鉱山は全南から六五〇〇人、三菱鉱業は忠清南道《チュンチョンナムド》・慶北《キョンブク》から一二五〇〇人、三菱系の雄別炭鉱は忠清北道《チュンチョンブクド》・慶北から一二〇〇人、住友鉱業は忠南・全南一二七六人、麻生商店は慶南から六一〇人、杵島《きしま》炭鉱は慶北から六〇〇人、磐城《いわき》炭鉱は慶南から五〇〇人の動員を承認されています。朝鮮現地での動員がすすめられ、一〇月になり、朝鮮の元山《ウォンサン》や釜山から連行が始まりました。

動員がはじまると、内務省警保局保安課は「募集ニ依ル朝鮮人労働者ノ状況」（一九三九年・四〇年）を作成しています。そこには、募集によって連行された朝鮮人が現場で争議を起こし、抗議した事例が記されています。

争議は、日本人に手斧や鉄棒で殴られたこと、落盤やガス爆発で仲間が死亡したことなどから起きました。一九四〇年一月末には、長野県王滝《おうたき》の木曽の発電工事現場で、逃亡して捕らえた朝鮮人を逃走防止のために雪の中で裸にして立たせ、私刑を加えたため、同僚の朝鮮人が大挙して暴行者の居宅を襲撃するという事件が起きています。襲撃した朝鮮人の一部は住居侵入と傷害罪で検挙されましたが、現場監督と暴行者は厳重戒告で処理されただけでした。

一九四一年に司法省刑事局が作成した「労務動員計画に基く内地在住朝鮮人労働者の動向に関する調査」(『思想月報』七九)にも朝鮮人の争議の状況が記されています。

甘い言葉で募集され、動員された朝鮮人は、拘束と虐待、危険な労働という現実に直面し、各地で抗議行動を起こしていたのです。

逃走した募集者を指名手配

募集で動員された朝鮮人が、現場から逃亡すると指名手配をされました。樺太の豊原《とよはら》(現在のユジノサハリンスク)警察署の資料「朝鮮人関係書類綴」には指名手配の文書が多数含まれています。静岡県の日本軽金属の富士川発電所工事現場からの逃走者の手配一覧表もあります。文書を見ると、本籍住所、人相、特徴、逃亡日などが記されています。たとえば、西松組が慶南の陜川《ハプチョン》から連行した金鎮泰《キムジンテ》(岩本太郎)は、一九四〇年一〇月三日に逃走しましたが、一九四一年一月九日の手配表には、丈五尺一寸位、中肉稍面長、黒色詰襟洋服上下、黄色ズック靴、風呂敷包などと記されています。

逃走後の逮捕を、北炭の万字《まんじ》炭鉱の坑夫の個票からみてみましょう。一九四二年三月に忠南の扶余《プヨ》から連行された松山栄宅は、一九四二年の五月一六日に逃走し、一八日に函館水上警察署で逮捕されたのですが、万字に向かって連送する途中に、列車から飛び降り、再び逃走したと記されています。

政府と企業による計画的な動員によって募集がなされ、逃亡すれば手配され、発見されれば逮捕されたのです。募集による動員先での労働は、監視されてのものであり、自由契約による移住労働ではなかったのです。

官斡旋動員での人質的略奪拉致

さきに示したように、小暮泰用は一九四四年七月の「復命書」(報告書)で、動員では夜襲、誘出、その他各種の方策を講じての「人質的略奪拉致」があったことを記しています(「本邦内政関係雑纂、植民地関係　第二巻」)。この報告を書いた小暮泰用は権泰用《クオンテヨン》という名の朝鮮人ですが、一九二〇年代には大阪で内鮮協和会の職業紹介所の職員になっています。日本人の婿となり、戦後は外務省北方課に勤め、第一次日韓会談では通訳を務めました。

朝鮮総督府警務局保安課の「治安状況」(一九四四年八月「治安関係参考」)などからも当時の状況を知ることができます。そこには、労務送出において、忌避的傾向が濃くなるだけでなく、反官的気運も高まっているとし、労務送出での集団忌避、輸送途次での逃亡、労務関係官公吏への暴行脅迫事件など、非協力的、反官的特殊事案が相当多発しつつあると記されています。北炭の報告書からは、論山《ノンサン》では警察に、扶余では面の役人に抵抗する事件が起きていたことがわかります。

徴用への抵抗

このように動員による抵抗が増加していくのですが、それに対して、徴用を発動した動員がおこなわれるようになりました。しかし、現地での抵抗は続きました。朝鮮総督府の高等法院検事局がまとめた『朝鮮検察要報』一〇号（一九四四年一二月）には、朝鮮人の徴用忌避の状況が記されています。

この要報に収録された「詮衡《せんこう》場に於ける半島人の徴用忌避の実相」によれば、一〇月二七日、朝鮮北部の新義州《シンウィジュ》から兵庫県の川崎重工業特殊鋼工場への徴用の際には、二二歳から二三歳の一〇〇人の割当があり、出頭命令書が三八六人に出されました。しかし、出頭者数は二七四人であり、一一二人が拒否しました。出頭者のうち適格者は九一人だったため、他の二九人を適格者に繰り上げることで、一二〇人に徴用令書を発行しました。

現地の状況の記載には、出頭者はみな意気消沈し、半ば死人のような態度であり、身体の故障を訴え、徴用を逃れようとする気配が濃厚、とあります。また、徴用者は、徴用といえば地獄にでも引っ張り込まれるようだと言い、家族は、空襲を受ければ骨も拾えぬから最後の別れになると語っていると記されています。身体検査を担当した医師は、出頭者はあらゆる手段を講じて忌避すべく汲々とし、病名を付けて忌避できるよう哀願する者も数知れずと話しています。

朝鮮独立運動への弾圧

三菱重工業広島造船所では、朝鮮独立運動を理由に治安維持法違反で三人が検挙されました

(「朝鮮人治安維持法違反検挙調」、「特高月報」原稿)。

松本容鎮は一九四四年一〇月、三菱重工業広島造船所寄宿舎北寮にソウルの鐘路区《チョンノ》から連行されました。松本は一九二三年生まれ、一九四二年に民族独立運動に参加して検挙され、懲役一年六か月、執行猶予三年の刑を受け、保護観察処分の状態でした。広島の工場に徴用されると、現場で動員者の思いを代弁し、抗議の声をあげてきました。朝鮮独立を求め、死ぬまで闘うという意思を持っての行動でした。松本は一九四五年二月に検挙されました。

四月には、同時期にソウルから連行された仲間の鈴川俊、国本天弘も検挙されました。六月、国本は二日市警察署の土壁に「朝鮮独立万才」と記して「縊死」したと記録されています。国本は京城商業実践学校を卒業し、東京の商業学校と中央大学の予科を中退し、ソウルの朝鮮畜産会社で事務員をしていました。国本は植民地支配のなかで徴用され、朝鮮独立の行動に共感したのでしょう。その行動を国家権力が弾圧したのです。

権力は、朝鮮独立運動が帝国の領土を奪うものであり、天皇の統治権を縮小させて侵害するものとみなしました。それが国体を変革する行為であるとし、朝鮮独立運動に治安維持法を適用したのです。治安維持法違反によって朝鮮では死刑判決も出されています。弾圧は過酷であり、獄中でも多くの命が奪われました。

3　企業への強制動員　日本製鉄と三菱重工業

日本製鉄

日本製鉄(日鉄)は、一九三四年に侵略戦争の拡大により複数の鉄鋼会社が統合されて設立された国策会社です。八幡製鉄所を中心に、北海道の輪西製鉄、岩手の釜石製鉄、朝鮮・兼二浦《けんじほ》の三菱製鉄、福岡の九州製鋼、神奈川の富士製鋼が合併し、その後、東洋製鉄や大阪製鉄も組み込まれました。日本製鉄は兵庫の広畑や朝鮮の清津《チョンジン》には製鉄所を建設しました。これらの工場へと朝鮮人が強制動員されたのです。

中央協和会の「移入朝鮮人労務者状況調」によれば、日本製鉄釜石工場は一九四〇年に政府に朝鮮人の動員を申請し、承認をうけています。八幡工場と輪西工場は一九四一年に動員の承認を受け、一九四二年から動員をはじめました。さらに広畑、大阪の工場への動員もおこなわれました。

日鉄の八幡工場には、一九四二年に慶北と全北から九二一人、四三年にも五五〇人が動員されました。さらに、四四年には全北を中心に一九六八人、四五年には三八一人の計三八二〇人が動員されました(厚生省勤労局調査など)。日本製鉄の供託名簿には三〇四二人の朝鮮人の名前があります。

広畑工場への動員については、厚生省勤労局調査名簿から一五三人分の動員状況と名前、住所がわかります。一九四五年四月には江原道《カンウォンド》の伊川《イチョン》・平康《ピョンガン》などから八三人が連行されました。五月には赤穂炉材工場から江原道楊口《ヤング》出身の五〇人（四四年一二月に連行）、高砂炉材工場からは寧《ヨン》越《ウォル》出身の二〇人（四五年二月に連行）が転送されています。

釜石工場への動員は、日本製鉄の供託資料から、一九四〇年から四一年にかけては全南長興《チャンフン》から、四二年には全南和順《ファスン》・谷城《コクソン》から、さらに忠南の公州《コンジュ》、保寧《ポリョン》、瑞山《ソサン》、大徳《テドク》などから動員されたことがわかります。一九四三年から四五年にかけては忠清道《チュンチョンド》から動員されました。動員総数は一二六三人ですが、供託名簿には六九〇人分の名前・住所が記されています。

大阪工場への動員については、日本製鉄の供託資料から一九四三年の忠北の清州《チョンジュ》で四〇人、平安南道《ピョンアンナムド》の平壌で六三人、四四年に江原道の春川《チュンチョン》で四四人、四五年に江原道の平康で五〇人の計一九七人が動員されたことがわかり、名前や住所を確認できます。

輪西工場への動員については、一九四二年上半期に二六一人、下半期に八八六人の計一一四七人が動員され、四五年八月の現在員数は二一八八人でした（『北海道と朝鮮人労働者』）。供託資料には一時帰国九六人、逃走未復帰者二〇八人などの記事があり、動員数は二五〇〇人を超えたと考えられます。

日本製鉄の工場への動員は八〇〇〇人以上

このように、日本製鉄の各製鉄所への動員数は判明分で、八幡工場に約四〇〇〇人、釜石工場に一二六三人、広畑工場に約一五〇〇人、輪西工場に約二五〇〇人、大阪工場に約二〇〇人など、八〇〇〇人以上となります。一九四四年一月には日本製鉄は軍需会社に指定され、そこで働いていた人びとは軍需徴用されました。募集や官斡旋で動員され、現場に残っていた朝鮮人も徴用工となったのです。

また、八幡、広畑、室蘭などの日鉄関係の港湾労働や日本製鉄の子会社である日鉄鉱業にも数多くの朝鮮人が動員されています。たとえば、日鉄八幡港運、日鉄鉱業二瀬炭鉱への動員数はそれぞれ四〇〇〇人ほどです。日本製鉄、日鉄の港運、日鉄鉱業への連行数の合計は三万人を超えました。

三菱重工業

三菱重工業(三菱)は一九三四年に三菱造船を改称して設立され、三菱長崎造船所で軍艦や魚雷、三菱名古屋航空機で軍用機、三菱東京工場では戦車などを製造しました。三菱重工業は造船と航空機の生産を担う日本最大の軍需企業でした。アジア太平洋地域での戦争の拡大により、三菱は長崎製鋼、熊本航空機、三菱化成、広島造船・機械、三原車両、水島航空機、京都発動機、名古屋発動機、名古屋機器、静岡発動機、川崎機器、東京金属、茨城機器など全国各地に工場を建設しました。これらの工場建設や工場労働に朝鮮人が動員されたのです。さらに疎開のための地下工場建設工事にも数多くの朝鮮人が動員されました。

たとえば造船関係の工場へは、長崎造船所の六〇〇〇人をはじめ、広島造船所・機械製作所に二八〇〇人、神戸造船所に二〇〇〇人と、この三か所の工場だけで一万人を超える動員があったのです。

三菱は一九四三年に広島に造船と機械の工場を建設しました。広島の工場へは一九四四年三月、五月、七月、一〇月と朝鮮人を計二八〇〇人動員しました。連行者は京畿道《キョンギド》の平澤《ピョンテク》とソウルからの人々が多く、二三歳の青年を中心に駆り集めたのです。監視されて連行され、有刺鉄線で囲まれた寮に収容され、一日一〇時間の労働を強いられ、強制貯金をさせられました。一九四五年八月には原爆投下により被爆しました。四五年七月からは賃金が支払われず、自力で闇船に乗って帰国してみると、故郷に送金するとされていた賃金の半額は送金されていなかったのです。帰国途中で行方不明になった人もいます。

三菱の名古屋航空機の工場は軍用機生産の拠点でした。名古屋の道徳工場では陸軍機を製造していましたが、一九四四年五月ころ、全南と忠南から一二歳から一五歳ほどの女子が約三〇〇人、女子勤労挺身隊員として集団連行されました。一九四四年一二月の東南海地震では六人の朝鮮人隊員が死亡しています。女子勤労挺身隊員の年齢は若く、甘言によって騙されて連行され、労働を強いられたのです。行動は統制され、賃金は与えられず、朝鮮語の使用は禁じられ、神社参拝などを強要されました。

二〇一八年一一月の韓国大法院判決は、この広島と名古屋の工場に動員された朝鮮人の原告に出されたものです。

4　証言からみた強制労働

日本製鉄訴訟

日本製鉄の大阪工場に動員された朝鮮人二人が大阪地裁に提訴したのは一九九七年です。この裁判は二〇〇三年に最高裁で敗訴しました。二〇〇五年、五人が韓国のソウル地方法院に提訴しました（のち原告は四人へ）。二〇〇九年には高等法院で敗訴しましたが、二〇一二年、大法院でソウル高等法院への差し戻し判決を勝ちとり、翌年、高等法院で勝訴しました。そして二〇一八年一〇月の大法院判決で勝訴を確定させたのです。

この訴状から、原告の日本製鉄大阪工場への連行と労働の状況をみてみましょう。

呂運澤の証言・日鉄大阪工場

呂運澤《ヨウンテク》は一九二三年に全北で生まれました。故郷を離れ、平壌の床屋で働きました。一九四三年九月ころに、大阪工場の募集広告を見たのですが、待遇は良い、二年勤めれば技術者資格が取れ、朝鮮に戻れば資格者として働くことができるというものでした。募集に応じると、協和訓練隊に入れられ、軍事的団体訓練を三日間受けた後、釜山を経て大阪へと動員されました。軍事訓練では、動作の遅いものは銃で殴られました。工場の寮では格子窓の一部屋に四人が入れられ、騙されたと感じました。工場ではクレーンを操作し、一〇〇〇度以上の燃える平炉に材料を運ぶ仕事をさせられました。朝鮮人は日本人指導員からよく殴られました。給料の具体的な額は知らされず、小遣い程度に二～三円が渡され、あとは強制貯金させられました。一九四四年二月ころ、寮の舎監に、募集で来た朝鮮人は徴用されたと言われました。徴用者は作業服に赤と青の布をつけて区別されました。空襲や事故で亡くなったものもいました。一九四五年六月、朝鮮の清津に異動となりました。しかし、預金通帳は渡されず、清津では一円も受け取れなかったのです。

裁判では、日本製鉄は私たちを騙して連れてきて、酷使し、未払いの賃金を政府の指示で供託した、その責任を取るべきと訴えました。

申千洙の証言・日鉄大阪工場

申千洙《シンチョンス》は一九二六年に全南で生まれました。平壌の食堂で働いていましたが、日本の製鉄所は待遇が良く、家に送金できるなどという募集広告を見て応募しました。大阪の製鉄所で働き、技術を学び、朝鮮で再就職できるという説明を受けました。一九四三年九月ころ、協和訓練隊で三日間の訓練を受け、釜山から下関を経て、二期生として大阪工場に動員されました。朝鮮人の寮は木造二階建てで一階の窓には格子があり、門には見張りがいました。溶鉱炉に石炭を入れ、鉄の棒で分散する作業をさせられました。思っていた仕事とは全く違うものだったのですが、指示どおりに働くしかなかったのです。舎監から、逃げてもすぐに捕まると脅迫され、工場には警察がよく来ていたので、すぐに捕まると思い、諦めました。一九四四年には徴用され、逃げたら家族が不利益を被ると脅迫され、監視が厳しくなりました。給料は強制的に貯金され、通帳と印鑑は舎監が保管しました。一九四四年、徴兵されると聞き、逃げる話をしたところ、密告されました。木刀で二〇回ほどひどくたたかれ、さらに数えきれないほど殴られ、半殺しの目にあったのです。軍への召集の通知が来る前に、清津に異動となりました。ソ連軍の攻撃のなか、命からがらソウルに戻ったのです。

裁判では、自由を奪われて、奴隷のような境遇で強制労働をさせられた、謝罪と未払い金の支払いを通じて真の和解をすべきと主張しました。

三菱重工業（広島・名古屋）訴訟

三菱広島では、一九九五年に三菱広島元徴用工被爆者訴訟が提訴されました。二〇〇五年には広島高裁が日本政府に対し、原告四六人全員に一人一二〇万円の損害賠償を命じる判決を出しました。この慰謝料は原爆被害への支払いでした。判決では強制連行・強制労働の事実は認定しましたが、強制労働への賠償支払いについては、時効と日韓請求権協定による財産権措置法を理由に棄却しました。

原告は二〇〇〇年に韓国の釜山でも提訴し、韓国内で裁判をすすめました。二〇〇二年には日韓協定関係文書の公開を求めて提訴し、二〇〇五年には全面公開を勝ちとりました。三菱広島の釜山訴訟は二〇〇九年に釜山高等法院で敗訴しましたが、二〇一二年に大法院で高等法院への差し戻し判決を勝ちとり、翌年、釜山高等法院で勝訴しました。そして二〇一八年一一月の大法院判決で勝訴を確定させたのです。

三菱名古屋では、一九九九年に元女子勤労挺身隊員が名古屋地裁に提訴しました。名古屋高裁は二〇〇七年に、請求を棄却したものの、三菱の不法行為の責任を認め、それが未解決であるとしました。少女たちを欺罔や脅迫で挺身隊に志願させたことを強制連行とし、そこでの労働を、志願の経緯、年齢に比しての労働の過酷さ、貧しい食事、外出や手紙の制限、給料の未払いなどから強制労働であると認定したのです。元隊員が軍「慰安婦」と混同される被害を受けたことも認めました。さらにこの労働が、国際労働機関（ILO）の強制労働に関する条約に違反するものであるとし、国家無答責論や別会社論を退け、三菱には旧会社との継続性があり、不法行為の責任を負う余地があるとしたのです。国家無答責論とは帝国憲法下では国に賠償責任はない。別会社論とは当時の会社と今の会社は別のものであり、債務は継承していないというものです。

判決で不法行為が認定され、責任の所在が明らかになったことから、原告と支援者の闘いは続きました。そして、二〇一二年の韓国大法院による日鉄と三菱広島の判決の高等法院への差し戻しという動きのなか、同年、三菱名古屋の原告は韓国の光州《クァンジュ》地方法院に新たに提訴し、二〇一八年一一月、大法院で勝訴を確定させたのです。

朴昌煥の証言・三菱広島

三菱の広島機械工場に徴用された朴昌煥《パクチャンファン》の証言をみてみます。

朴昌煥は一九二三年に生まれ、京畿道の平澤に住んでいました。一九四四年九月、結婚して一か月で令状を示され、面事務所に連れて行かれました。その日のうちに平澤の警察署に一〇〇人余りが集められ、九月二〇日、汽車で釜山に送られ、広島へと連行されました。広島では三菱の機械工とされ、第三中隊に配属されました。四五年八月六日、仕事を始めようとするころ、ピカッという光を浴び、熱いと感じました。ガラスの破片や材木が吹き飛ぶなか、防空壕へと逃げました。壕には三〇人ほどが集まりましたが、一〇人以上が重傷でした。寮の二階の窓はすべて壊れ、内部も崩れていました。ふとんと荷物を持ち出し、工場の外壁のコンクリートの上で過ごしました。工場の正門で軍人から罹災証明書をもらい、徳山のレンガ工場で働くよう指示されました。解放後、広島に戻り、三菱の労務課に未払い賃金の支払いを求めましたが、支払われませんでした。その後、闇船に乗って帰国しました。一九八三年になって渡日し、広島の原爆病院で検査を受けました。

裁判では、渡日治療ができるよう、制限をなくしてほしいと訴えました。

梁錦徳の証言・三菱名古屋

三菱名古屋航空機道徳工場に動員された梁錦徳《ヤンクムドク》の証言をまとめてみます。

梁錦徳は一九三一年二月に全南の羅州《ナジュ》で生まれました。一九四四年五月、小学校六年生の一三歳の時、日本に行けば、女学校に通わせてあげる、それにお金儲けもできるという言葉にだまされ、動員されました。このとき、木浦《モッポ》、光州、順天《スンチュン》、羅州などから約一五〇人が動員されました。麗水から船で下関に連行され、三菱重工業名古屋の工場に動員されました。羅州出身者は第一中隊の第二小隊に編成されました。畳八畳に八人が入れられ、宿舎から隊列をつくり工場へと移動させられました。工場では、神風の鉢巻を巻いて朝八時から午後五時まで立ったままで労働し、六時まで残業することも多かったのです。労働内容は、航空機の部品のさびを溶剤で取ってペンキを塗る、部品を切断するというものでした。溶剤の刺激臭で頭痛になりました。食事量は少なく、女学校に行けるというのは嘘でした。空襲や地震の恐怖のなかでの労働でしたが、富山県の大門《だいもん》疎開工場へと移動させられました。賃金は大部分が強制貯金され、未払いのままです。

解放後、一九四五年一〇月に郷里に帰りました。結婚話があっても、挺身隊員を「慰安婦」と誤解され、敬遠されました。過去を隠して結婚したものの、真実を伝えることができないままでした。

不二越

朝鮮女子勤労挺身隊の動員は富山県の不二越《ふじこし》鋼材工業（現在の不二越）でもおこなわれました。当時、不二越は高角砲や機関銃などの兵器の部品を製造していました。動員状況をみれば、朝鮮北部から四四年八月・一〇月頃に計五四〇人の男子が連行され、女子は一九四四年五月に慶北から約一〇〇人、六月に慶南から約一五〇人、七月に京畿から約二〇〇人、一九四五年三月には京畿と全北・全南から約六五〇人が連行されました。一二〜一五歳ほどの少女を約一一〇〇人も動員したのです。

少女たちは学校に行ける、収入があるなどの甘言で欺罔され、動員されました。日本による皇民化政策によって、甘言に応じ、自ら志願するように内面が操られていたからです。不二越は軍隊式訓練や旋盤労働などを強いています。一日一円弱の低賃金で労働させ、貯金を強制しました。

韓国では不二越の元女子勤労挺身隊員の裁判もおこなわれています。二〇一九年一月には控訴審で勝訴し、大法院での勝訴が予想されています。

第3章　被害回復のない戦後処理　未払金供託・日韓請求権交渉

戦時の強制動員、強制労働の被害は、戦後も清算されないままでした。ここでは、戦後の朝鮮人への未払金の処理、日韓会談での日本側の意図、戦後補償裁判での日本政府の対応について、その問題点を示します。

1　返還されなかった未払金

日本建設工業会による『華鮮労務対策委員会活動記録』という文書があります。これは業界が戦時に中国人・朝鮮人を労働させ、それによって被害を受けたとし、政府に対し補償を求めた活動の記録です。政府は石炭、鉱山、土木などの業界に補償をしました。土木では、朝鮮人労務での戦後の損失分としては約一〇〇〇万円が補償されています。

朝鮮人の動きをみれば、解放後に結成された在日本朝鮮人連盟が、強制動員をおこなった企業に対し、未払金の支払いを求める活動をしました。それに対して日本政府は、供託による処理をすすめました。供託とは、企業が日本政府に未払金を渡すことで企業側が債務を免れることになる制度です。未払金の多くが供託され、動員された人びとには返還されなかったのです。供託にむけ、厚生省勤労局は各府県に調査を指示し、企業ごとに朝鮮人労務者の名簿と未払金額を作成させ、集約しました。この調査記録が「朝鮮人労務者に関する調査」であり、一六府県分が発見されています。

一九五〇年一月一〇日の「朝鮮人の留保された資金」(GHQ覚書)では、朝鮮人関係未払金を二億三七〇〇万円としています。この数字の詳細や事業所ごとの未払い金の処理状況については、労働省「朝鮮人の在日資産調査報告書綴」、大蔵省「経済協力　韓国一〇五　労働省調査　朝鮮人に対する賃金未払債務調」などの資料から知ることができます。また、東京法務局「金銭供託受付簿」からは東京法務局への供託の状況がわかります。これらの資料は情報開示請求で公開されたものです。

日本製鉄については供託文書「朝鮮人労務者関係」が発見されています。供託額は、八幡が約二六万五〇〇〇円、大阪が約九万七〇〇〇円、輪西が約一六万五〇〇〇円、釜石が約一一万八〇〇〇円、広畑が約四五〇〇円です。合計すると六五万円ほどになり、多額の未払金があったことがわかります。釜石や輪西は米軍の艦砲射撃を受けましたが、亡くなった朝鮮人の遺骨には返還されていないものが多くありました。

日本政府は事業所ごとの未払金の状況を把握していました。また、供託に際しては一人ひとりの未払金額を記した名簿が作成されました。

2　日韓請求権交渉

解放直後から「強制動員」を認識

韓国では、当時、朝鮮銀行に勤めていた李相徳《イサンドク》が、雑誌『新天地』一九四八年一月号に「対日賠償の正当性」を記し、そこで「強制動員」による戦争の結果の被害として、軍人・軍属の死亡・傷害などの損害と徴用・勤労奉仕、報国隊の名での「強制労働」の犠牲をあげました。李相徳はのちに日韓交渉で請求権の担当者となります。また、徴兵・徴用によって「強制使役」された人びとは太平洋同志会を結成し、一九四八年一〇月、韓国国会に「対日強制労務者未債金債務履行要求に関する請願」を出しました。

このように解放直後から、「強制動員」「強制労働」「強制使役」「強制労務」という言葉を用いて、動員被害への回復要求が表現されていたのです。こうした声を受けて、韓国政府は一九四九年に「対日賠償要求調書」を作成しました。

対日請求要綱・第五項による交渉

韓国政府は戦後賠償を求めていたのですが、サンフランシスコ平和条約には参加できませんでした。そのため日本政府との交渉は、賠償請求ではなく財産請求の形でおこなわれることになりました。日韓会談は一九五一年一〇月の予備会談からはじまりました。この日韓会談で韓国側は、対日請求要綱八項目を出しますが、その第五項に被徴用韓国人の未収金・補償金の項目が入れられ、被徴用者の未収金や戦争による被害に対する補償が求められたのです。

第五次日韓会談では請求権小委員会で、対日請求要綱八項目についてその内容と根拠が説明されました。第五項については、一九六一年四月二八日の第一二回請求権小委員会と、五月一〇日の第一三回請求権小委員会で交渉がされました。第一三回請求権小委員会の交渉で、韓国側は「強制的に動員」、「他国の国民を強制的に徴用し、精神的、肉体的に苦痛を与えた」、「韓国では道行く人を捕まえトラックに乗せ炭鉱に送った」、「日本は韓国人を奴隷扱いにした」などと主張しました。これに対し、日本側は資料を対照させ、個別に未払い分を支払う旨を提示しましたが、この交渉後、韓国でクーデタが起こされ、会談は中止となったのです。

第六次日韓会談がはじまると、一九六二年二月に被徴用者等関係専門委員会がもたれ、強制動員の規模に関する議論がなされました。この専門委員会の第三回会議で、日本側は厚生省の統計として、集団的に日本に来た労務者数を六六万七六八四人とし、そのうち自由募集が一四万八五四九人、官斡旋が約三二万人、徴用が約二〇万人としました。

この会議で韓国側は日本側に、官斡旋も徴用も「労務者を日本に連行した方法は非常に残酷だった」と指摘しました。これに対して日本側は、特別に差別待遇したとは考えていないと答えています。

しかし、こうした日韓の交渉で、日本側は自らがもつ供託関係資料を韓国側には示しませんでした。動員名簿や未払金などの資料をみせないまま、韓国側に法的根拠や事実証明を求めたわけです。また、日本人として動員したのであり、差別待遇はないとし、植民地支配とその下での動員を合法とする姿勢を崩しませんでした。

韓国側が動員数を示して補償を求めたために、日本側は朝鮮人の動員に関する資料を収集しました。当時、外務省事務官の森田芳夫は日韓交渉に関する記録の作成とともに、動員関係文書も収集していました。朝鮮史研究者の金英達《キムヨンダル》が収集した文書には、森田が所蔵していたものも含まれています。主な文書には、労務動員関係では、「韓国請求権（被徴用者補償金関係）参考資料」、「被徴用韓人関係資料」、「韓国人移入労務者数について」、「朝鮮人労務者勤労状況報告」、「朝鮮人の労務動員に関するメモ（豊島陸）」。軍人軍属の統計では、「朝鮮人人員表（地域別）分類表」（陸軍）、「終戦後朝鮮人海軍軍人軍属復員事務状況」、「朝鮮出身者調査表（軍人の部）」（海軍）、「朝鮮在籍旧陸海軍軍人軍属出身地別統計表」などがあります。

3　「すべての請求権」とは

経済協力によるすりかえ

日本側は一九六〇年七月、「過去の償いということではなしに、韓国の将来の経済及び社会福祉に寄与《きよ》するという趣旨でならば」経済協力援助をおこなうという方針を確立しました（「対韓経済技術協力に関する予算措置について」外務省北東アジア課）。一九六二年八月には、経済協力として提示する三つの案が整理され、第三案では無償援助三億ドル、有償援助二億ドルとする案も用意されました(「日韓請求権問題の解決方法について」アジア局長)。そのうえで、請求権問題の解決策として、一九六二年一一月に大平正芳《おおひらまさよし》(外務大臣)と金鐘泌《キムジョンピル》(中央情報部長)との合意がなされたのです。日本からの経済協力資金で韓国側の財産請求権を解決しようとしたわけです。

一九六五年六月二二日には、日韓請求権協定(財産及び請求権に関する問題の解決並びに経済協力に関する日本国と大韓民国との間の協定)が締結されました。その第二条の一では、財産、権利及び利益と請求権が「完全かつ最終的に解決されたこととなる」、第二条の三では、「財産、権利及び利益」と「すべての請求権」に関して「いかなる主張もすることができない」と記されました。

ここでの「すべての請求権」とは何を示すものでしょうか。一九六五年四月三日の東京での日韓の合意議事録には、韓国の対日請求要綱の範囲に属するすべての請求権が含まれ、協定の発効により対日請求要綱に関してはいかなる主張もなしえないことが確認されると記されています。また、日本漁船の拿捕《だほ》から生じたすべての請求権についても、韓国政府に対して主張しえないことが確認されています。つまり、協定締結時の「すべての請求権」とは、主として対日請求要綱と拿捕漁船請求権のことだったのです。また、一九六五年五月三一日の協定第二条に関する交換公文(案)にも同様の記述があります。さらに、協定締結時の六五年六月二二日の合意議事録では、完全かつ最終的に解決されたことになる財産・権利・利益と請求権には、韓国の対日請求要綱の範囲に属するすべての請求権が含まれ、「対日請求要綱に関しては、いかなる主張もなしえないこととなる」と記されています。

日韓条約と請求権協定が締結された後の「日韓基本条約及び諸協定に関する参考資料」(参議院

外務委員会調査室、一九六五年一〇月）にも、両国間の財産及び請求権に関する問題とは、韓国は対日請求要綱に関し、日本は拿捕漁船から生じたすべての請求権に関し、いかなる主張もなしえないということが、合意議事録をふまえて記されています。

したがって、「すべての請求権」とは、対日請求要綱に示された財産請求権や、日本側の拿捕漁船に関する請求権など、財産に関する請求権を示すものなのです。

経済協力については、無償三億ドル、有償二億ドルの計五億ドル分が韓国側に渡されることになりましたが、日本国の生産物と日本人の役務によるものでした。経済協力は、日本の金ではなく、品物、機械、日本人のサービス、役務などで渡されたのです。しかもその使い道は、大韓民国の経済の発展に役立つものでなければならないとされていました。

このように、経済協力方式は日本の機械や部品の輸出をおこなうことであり、日本の資本が韓国に入り込んでいく契機となったのです。

外務省官僚の策略

この請求権交渉で日本の官僚がどのように考えていたのか。その策略や意図を、外務省アジア局北東アジア課内交渉史編纂委員会編『日韓国交正常化交渉の記録』第二編の手記・座談会の記事から、読み取ることができます。この文書は森田芳夫が編纂したもので、森田芳夫文庫（九州大学韓国研究センター）に編纂関係資料があります。私はこの文庫で資料の閲覧をした際に第二編の存在を知り、外務省に開示請求をおこない、その内容を確かめました。

第二編には、第二次会談の日本代表の久保田貫一郎が「三六年の植民地統治に対して賠償を支払えなどといわれることは、私は予想だにしなかった」と話したことが記されています(「第二・三次日韓会談の回顧」)。また、会談を決裂させた久保田発言の詳細も収録されています。

外務省アジア局長だった後宮虎郎《うしろくとらお》は、「日本側としては韓国側が請求権問題の喰い逃げを図ることは絶対に阻止すべく強固な決意をもって」いた。「財産権や請求権の範囲」の問題があり、「法律上の規定ぶりをよほど固めておかないと、将来関係私人の提訴した訴訟の場において政府が敗訴するがごときことになれば、その混乱は図り知れざるものがある」と話しています(「日韓交渉に関する若干の回想」)。

後宮の後に外務省のアジア局長となり、会談で日本側代表にもなった井関佑二郎《いせきゆうじろう》は、一九六〇年七月二二日付の「対韓経済技術協力に関する予算措置について」が「請求権を無償経済協力という形で処理する案」のできあがりであり、「『法的根拠のあるもの』というアプローチはいかに難しいかということを国内にも向うにも納得させて、韓国側は請求権の放棄にもっていく、国内は経済協力でまとまった額をポンと出させる」ためのものだった、法的根拠の要求は「工作」だったと話しています(「日韓交渉の回顧　井関元アジア局長に聞く」)。

外務省条約局長だった佐藤正二《さとうしょうじ》は「こちらは once for all で全部の請求権をつぶそうという考えだった」、「殴られて裁判継続中で実体的にはまだ損害賠償請求権が発生していないけれども文句はいっているというものまでつぶしておかないといけないからあとに「請求権」という字句を条文にいれた」と語っています(「日韓会談における請求権・経済協力協定第二条に関する交渉」）。

外務省の条約課長だった松永信雄《まつながのぶお》は「大蔵省は韓国の対日請求要綱八項目の全ての消滅を明記することを強く主張した」と話しています（「日韓交渉の回顧　条約課の立場から」）。

外務省アジア局北東アジア課長だった黒田瑞夫《くろだみずお》は、韓国側の請求内容の日本側による試算について、「韓国側の主張をそのまま呑んで八項目を全面的に受け入れたとしても二三七億円にしかならないという結論が出た」、「以上の数字を三六〇円一ドルのレートで換算すると（中略）九三六〇万ドルにしかならない」と話しています（「私の関係した日韓交渉の歴史」、公開文書では傍線の部分は黒塗り、他資料により補記）。

かれらの発言には、朝鮮の植民地支配に苦しんだ人びとの痛みを理解しようとする姿勢はみられません。日本側は、植民地合法論、植民地近代化論に立ち、韓国側の請求権をつぶすことを第一の目的としていました。そして、無償三億ドルと有償二億ドルの経済協力で十分とみなしたわけです。

日本側はこうした金額を示し、請求権協定を結ぶことで、すべての財産と請求権の問題を決着させることをねらいました。協定の締結や覚書により、対日請求要綱という財産請求権だけでなく、実体的には発生していない損害賠償請求権まで消滅させようとしていたのです。

消滅できない個人の権利

ところが、外務省条約局法規課の書記官で、会談代表補佐として請求権問題を担当した小和田《おわだ》恆《ひさし》はつぎのように話しています。

「原則は全部消滅させるのであるが、その中で消滅させることがそもそもおかしいものがある」。「理論的にいってどこまでのものを消滅させ、どこまでのものを生かしたらいいのかという問題と政策的にいってどこまでのものを消滅させなければいけないのかという問題」があった。そこで、「「請求権は放棄する」と書き、説明として外交保護権の放棄であるということにした」(「日韓会談における請求権・経済協力協定第二条に関する交渉　合意事項イニシャル後協定調印まで(追録)」)。

小和田が言うように、日本政府の請求権協定での「解決」に関する解釈は、政府の外交保護権の相互放棄を意味し、個人請求権を消滅させるものではないというものになりました。理論からみれば、不法行為への賠償請求権を消滅させることはできなかったのです。

日韓請求権協定は、対日請求要綱八項目という財産請求権をめぐる議論により成立したものであり、合意議事録に記されていたように、ここでの「すべての請求権」とは財産請求権に関するものでした。ここに不法行為への損害賠償請求権を含ませるには、無理があります。小和田がいう、「消滅させることがそもそもおかしいもの」のひとつです。

すべての請求権を消滅させたいという政策的意思があったとしても、理論的にみて、消滅させられないことに当時の外務省の担当官は気付いていたのです。そこで日本は日韓請求権協定を結んだ後に、国内で財産権措置法(法律一四四号)を制定し、日本にある韓国人の財産を消滅させました。請求できる実体的な財産を消滅させることにしたのです。

日韓請求権協定は、あくまで財産の請求権に関する政府の外交保護権を解決させるものでした。

強制動員という不法行為への慰謝料請求権を消滅させることはできなかったのです。

二〇一八年の韓国大法院の徴用工判決は、被害者の尊厳の回復と正義の実現にむけ、理論的に消滅させることのできない請求権として、企業に対する強制動員慰謝料請求権を明示したのです。

4　不当な「救済なき権利」論

日本政府の解決済み論の強調

一九九〇年代に入ると、韓国や中国、フィリピンなどの戦争被害者が、日本政府や企業に謝罪や賠償を求める訴訟をはじめました。当初、日本政府は、被害者の個人請求権は消滅しないが、請求権は個々の裁判所の判断によるとしました。

日本の戦後補償裁判の判決では、戦時の動員が強制労働であり、不法行為であると認定されることがあっても、日本政府は時効を適用させて、法的責任を逃れてきました。しかし、時効や国家無答責などの争点で日本政府に不利な判断がでるようになると、日韓請求権協定によって解決済みという主張を強調し、その責任を逃れようとしました。また、一九九九年にアメリカのカリフォルニア州で戦時強制労働補償請求時効延長法が成立し、アメリカで日本企業に対する訴訟が起こされるようになると、ここでも日本政府は同様に主張しました。

それは、個人請求権は消滅しないものの、裁判で訴えても救済されないという主張です。この主張は「救済なき権利」論と呼ばれています。日本の裁判所はそれを支持しました。裁判では救済されないが、法廷外で関係者が被害救済に向けて努力することはできるというのです。

実効性のある救済を受ける権利とは

しかし、このような「救済なき権利」論は国際人権法からみれば不当なものです。日本政府の主張は、国際人権規約に記されている人権侵害の救済を受ける権利、公正な裁判を受ける権利を否定することになるからです。

国際社会は重大な人権侵害に対しては、被害者は実効性のある救済を受ける権利があるとする立場を共有しています。二〇〇五年一二月、国際連合の総会は「重大な国際人権法、国際人道法違反の被害者の救済と賠償に関する権利の基本原則」を採択しました。この基本原則では、重大な人権侵害の被害者は、真実、正義、賠償、再発防止を求める権利を持つとしています。

この被害者の権利には、持続的な侵害の中断、真実の公開、行方不明の被害者の所在の把握、遺体の調査と発掘、被害者の文化的慣例による葬儀、被害者の尊厳・名誉・権利回復のための公式宣言や司法の判決、事実認定と責任ある公的謝罪、責任者に対する司法的・行政的制裁、被害者への祈念と追悼、各種教育での正確な記載などが含まれています。

したがって被害者の救済とは、金銭による賠償だけでなく、真相の究明、加害行為への責任の認定、公式の謝罪などを含むものであり、真実と正義が実現されるものでなければなりません。強制動員被害者の救済についても、このような原則をふまえるべきなのです。

未解決の朝鮮人遺骨返還問題

日本製鉄輪西工場は一九四五年七月に艦砲射撃を受けました。その時に亡くなった三人の朝鮮人の遺骨は二〇〇八年に北海道の市民団体の活動によって返還されました。三人は具然錫《グヨンセグ》（一七歳）、鄭英得《チョンヨンドク》（一六歳）、李延基《イヨンギ》（一五歳）です。慶南の河東《ハドン》や泗川《サチョン》から動員されています。具然錫の父、具聖祖《グソンジョ》は一九六三年一一月に池田首相宛に陳情書を出し、輪西製鉄所に陳情しても回答はなかったため、政府が直接、詳細を調査し、死亡確認書と遺骨の引取り方法を回答するよう求めています。これに対する一九六四年七月の外務省アジア局の回答案「具然錫氏の死亡確認調査等について」は、遺骨の引渡については韓国代表部と協議する、補償金については日韓の請求権問題の解決と切り離して別途処理する考えはないというものでした（『太平洋戦争終結による旧日本国籍人の保護引揚関係雑件　朝鮮人関係』所収）。

このような対応により、二〇〇八年まで遺骨は返還されなかったのです。しかも返還は動員した政府と企業ではなく、市民団体によるものでした。未払金はそのままです。

日鉄釜石工場でも艦砲射撃により、二五人の動員朝鮮人が死亡しました。未返還の遺骨や未払金があります。一九九五年には元徴用工の遺族一一人が日本政府と新日本製鉄（現在の日本製鉄）に対し、遺骨の返還と損害の賠償を求め、訴訟を起こしました。一九九七年に新日本製鉄は和解金約二〇〇〇万円を支払いました。和解金の支払いがなされたという事実は、請求権の問題が解決済みではないことを示すものです。しかし訴訟では、政府は解決済みを主張し、謝罪や賠償を拒み続けました。

強制動員され、返還されなかった遺骨の存在は、「日韓請求権協定で解決済み」という表現が現実をみようとしない冷淡なものであることを示しています。全国各地に故郷に帰ることができないままの遺骨があります。解決済みではない実態があるのです。

第４章　韓国徴用工判決の意義

1　韓国大法院の徴用工差し戻し判決（二〇一二年）

韓国憲法の核心的価値に反する日本の判決

二〇一二年五月、韓国大法院は、日本の判決を認めて原告の訴えを棄却した日本製鉄と三菱重工業広島の高等法院判決を破棄し、高等法院への差し戻しを決定しました。大法院判決の判断の根拠になった認識は要約するとつぎのようなものです。

日本の判決は、日本の植民地支配が合法であるという認識を前提に、日本帝国主義による国家総動員法と国民徴用令を朝鮮に適用することを有効と評価するものである。しかし、現行の大韓民国憲法はその前文に、悠久な歴史と伝統に光輝くわが大韓国民は、三・一運動で建立された大韓民国臨時政府の法統と、不義に抗挙した四・一九の民主理念を継承し、と規定している。このような大韓民国憲法の規定に照らせば、日本の朝鮮半島支配は不法な強制占領であり、日本の不法な支配による法律関係において、大韓民国の憲法精神と両立しえないものは、その効力が排除されるとみなければならない。日本の判決の理由は、日帝強制占領期の強制動員自体を不法とみる大韓民国憲法の核心的価値と正面から衝突するものであり、日本の判決をそのまま承認することは、大韓民国の善良な風俗やその他社会秩序に違反することが明らかである。よって日本の判決を承認し、その効力を認定することはできない。

このように大法院は、植民地支配を合法とする日本の判決が大韓民国憲法の核心的価値に反するものであるとし、日本の判決を認めた高等法院の判決を差し戻す決定をしたのです。

不法行為への損害賠償請求権を認定

また、日本の国家権力が関与した反人道的不法行為や植民地支配に直結した不法行為による損害賠償請求権については、日韓請求権協定の適用対象に含まれているとみるのは難しいと判断しました。請求権協定で個人請求権が消滅しなかっただけでなく、不法行為に対する損害賠償請求権については、大韓民国の外交保護権も放棄されなかったとみるのが相当であると、踏み込んだ判断をしたのです。

訴えられた日本企業の戦前の会社との同一性については、別の会社ではないとし、不法行為への損害賠償請求権の行使を認めました。また、時効による消滅を主張して債務の履行を拒絶することに対しては、顕著に不当であり、信義誠実の原則に反するものである。それは権利の濫用であって許容できないと判断しました。

その後の高等法院の差し戻し判決はこのような論理を受け入れました。日本製鉄と三菱広島の原告はともに勝訴したのです。

2　光州地方法院の三菱名古屋判決(二〇一三年)

この差し戻し判決を受け、二〇一二年一〇月、韓国の光州で三菱重工業名古屋女子勤労挺身隊の訴訟が起こされました。二〇一三年一一月には地方法院で判決が出され、原告は勝訴しました。その判決の論理は二〇一二年の大法院の差し戻し判決をふまえたものでした。

強制労働、反人道的不法行為を認定

この判決は、元隊員への三菱による強制連行・強制労働を認定しました。その動員は日本が一九三二年に批准した強制労働条約に反し、日本政府による朝鮮半島に対する不法な植民地支配と侵略戦争に参加させるものであり、反人道的不法行為にあたるとしたのです。さらに東南海地震では救護措置がとられず、安全配慮義務を放棄するという不法行為もあったと判断しました。

植民地支配合法論の否定

また、判決は二〇一二年の韓国大法院の判決と同様の論理で植民地支配合法論を否定しました。日本の判決は植民地支配を合法とし、女子挺身勤労令を原告らに適用することを有効と評価した部分が含まれていると判断し、大韓民国憲法の核心的価値と正面から衝突するものとしたのです。

さらに、日韓請求権協定は日本の植民地支配への賠償を請求するものではなかったとし、日本

の国家権力が関与した反人道的不法行為や植民地支配に直結する不法行為に対する損害賠償請求権が、請求権協定の適用対象に含まれたとみるのは難しいと判断しました。

そして、請求権協定では個人請求権が消滅しなかったのはもちろん、損害賠償請求については韓国の外交保護権も放棄されなかったとみるのが相当としたのです。

三菱の別会社論や時効の否定

別会社論に対しては、旧三菱重工業と被告の三菱重工業は、その実質において同一性を保持しているとみるのが相当であるとし、原告らは旧三菱に対する請求権を、現在の三菱に対しても行使できると判断しました。

消滅時効の主張に対しても、信義誠実の原則に反するものであり、権利の濫用であって認められないとしました。判決では、日本による反人道的不法行為や植民地支配に直結した不法行為による損害賠償権は請求権協定で消滅していないという見解が、一九九〇年代後半から明らかにされたこと、二〇〇五年の韓日請求権協定文書の公開によって、韓国の民官共同委員会が公式見解で、この損害賠償請求権は請求権協定では消滅したとみることはできないと表明したことをあげました。さらに、日本での訴訟後、二〇〇八年から三菱との交渉がおこなわれたことや、大法院が強制労働の損害賠償請求の棄却は韓国の公序に反し、承認できないと判決したことを示し、消滅時効についても認めなかったのです。

損害賠償額の算定

損害賠償については、原告は当時、一三から一四歳の女性であり、強制労働条約に反すること、その期間が一年五か月に及んだこと、進学や賃金で欺罔し、あるいは家族に危害を加えると脅して、強制連行したこと、家族と離別し、保護を受ける機会を奪い、教育や職業選択の機会を剥奪し、強制労働させたことをあげました。また、賃金の支給もなく、食事も粗末で、手紙を制限し、検閲したこと、地震で亡くなる者や工場で指を切断した者もいたこと、戦後は「慰安婦」と混同され、正常な結婚生活が営めなかったことも認めました。そして、戦後、世界各国は戦争による強制労働被害者への賠償のために努力してきたが、日本は責任を否定したことなどをあげて、被害額を算定しました。

このように、光州地方法院の判決は強制連行・強制労働を反人道的不法行為とし、損害賠償を命じたのです。二〇一五年六月、原告側は光州高等法院でも同様の論理で勝訴しました。そして、二〇一八年の大法院判決となったのです。

3　韓国大法院徴用工判決(二〇一八年)

強制動員慰謝料請求権の確定

韓国大法院は二〇一八年一〇月に日本製鉄訴訟、一一月には三菱広島、三菱名古屋訴訟で原告勝訴の判決を出しました。この韓国大法院の徴用工判決の内容と意義をみてみましょう。

まずこの判決は、強制動員と強制労働の事実を認定しました。日本政府の動員計画の下で、日本製鉄が欺罔による動員をおこなったこと、劣悪な環境で労働を強いられ、強制貯金をさせられ、監視され、脱出が発覚すると殴打されたことなどを認めたのです。

このような強制動員が、日本の不法な植民地支配や侵略戦争の遂行に直結した日本企業の反人道的不法行為であり、強制動員被害に対する慰謝料の賠償請求権があることを認めました。原告の求めるものは、未払賃金請求権ではなく不法な強制動員被害への慰謝料請求権であるとし、強制動員慰謝料請求権を確定させたのです。

日韓請求権協定で解決済みという主張に対しては、協定は両国の民事的な債権債務関係を解決するものであり、反人道的不法行為に対する請求権は、日韓請求権協定の適用対象には含まれないと判断しました。

大法院・強制動員判決の意義

この大法院判決の意義は、戦争被害者個人の企業に対する賠償請求権を認め、強制動員企業の法的責任を明示したことです。また、日韓請求権協定では強制動員の損害賠償が未解決であることを示しました。さらにこの判決は、企業による強制動員を反人道的不法行為とし、戦争被害者の尊厳を回復するものでした。それは、被害者を支えた市民の活動を正義とするものだったのです。このように、企業の法的責任を認め、被害者の尊厳を回復するという歴史的、画期的な判決であったわけです。

第三章でみたように、日韓請求権交渉では、日本側は植民地支配を合法とする立場でした。それは日本によって朝鮮は近代化し、また、朝鮮とは戦争状況になかったのだから、賠償は生じないというものでした。この交渉は、戦争と植民地支配の賠償ではなく、財産請求権問題の解決のためにおこなわれたため、植民地支配の償いはなく、日本の生産物と役務で支払う経済協力の形で決着したのです。当時の日韓両政府は被害者の声を無視したのです。その後、戦後補償の裁判が始まると、日本政府はこの協定で解決済み、個人請求権はあるが、裁判で訴えても救済されないという見解(「救済なき権利」論)を示すようになり、日本の裁判所もその見解を支持しました。

一方、韓国では、二〇〇五年の民官共同委員会で、日本軍慰安婦など、日本政府・軍などの国家権力が関与した反人道的不法行為については請求権協定で未解決とし、日本政府に法的責任があると判断しましたが、強制動員問題への言及は弱いままでした。けれども、植民地責任を問う国際的な潮流を受け、二〇一八年の大法院判決は強制動員を反人道的不法行為と認定し、官民共同委員会の限界をただしました。また、この判決は日本が主張する「救済なき権利」論を否定したのです。

この判決が出るまえに日本製鉄の原告四人のうち三人が亡くなり、釜石工場に動員された李春《イチュン》植《シク》だけが生きていました。李春植は一九二四年生まれ、全南出身です。一九四一年、一七歳の時に忠清道で報国隊に組織され、日本製鉄の担当者の引率で釜石工場に動員されています。仕事はコークスを溶鉱炉にすくい上げ、鉄を釜に入れるという重労働でした。けがをして三か月入院したこともありました。現場で要領よくふるまうものは足蹴にされたといいます。一九四四年には徴兵され、捕虜監視員にされました。解放後、七〇年を経てのあまりに遅い救済判決だったのです。

4 日本政府の対応

安倍政権の歴史認識

日本の首相となった安倍晋三の考え方は二〇一五年の首相談話(安倍談話)に示されています。この談話は、日本とロシアの戦争が植民地支配下のアジア・アフリカの人びとを勇気づけたとし、朝鮮の植民地支配にはふれていません。日本は満洲事変以後、進むべき針路を誤ったとしますが、アジアに対する日本の加害についても具体的にふれていません。アジアの被害者への謝罪の言葉はなく、連合軍捕虜との和解の努力についてのみ示しています。そして、子や孫、その先の世代に謝罪を続ける宿命を背負わせてはいけないとしています。

安倍は一九九七年、日本の前途と歴史教育を考える若手議員の会の事務局長となり、歴史教科書の偏向を喧伝しました。二〇〇〇年に開催された「日本軍性奴隷制を裁く女性国際戦犯法廷」に関するNHKの番組に介入し、二〇〇六年に首相となると、日本軍「慰安婦」には「強制性の証拠がない」とし、強制連行を否定しました。ふたたび首相になった二〇一三年には、「慰安婦」に関する一九九三年の河野談話を批判し、靖国神社に参拝しました。二〇一五年には安倍談話を出すとともに、「慰安婦」に関する被害者抜きの日韓合意をおこないました。この合意については韓国内で批判が高まり、日本側の拠出金で設立された「和解・癒やし財団」は二〇一八年一一月に解散が決定しています。

一九九五年の村山首相談話は、日本の植民地支配と侵略によるアジア諸国の人びとに対する多大の損害と苦痛を認めるというものでしたが、安倍はそのような歴史認識に対抗しつつ政権を握ったのです。

戦時の朝鮮人強制労働についてみれば、日本政府は二〇一五年七月の「明治日本の産業革命遺産」の世界遺産登録に際し「日本は、一九四〇年代にいくつかのサイトにおいて、その意思に反して連れて来られ(brought against their will)、厳しい環境の下で働かされた(forced to work)多くの朝鮮半島出身者等がいたこと、また、第二次世界大戦中に日本政府としても徴用政策を実施していたことについて理解できるような措置を講じる」(世界遺産委員会での日本代表団発言、日本政府訳)と表明しました。しかしその直後、政府は「forced to work(働かされた)」は「強制労働の意ではない」、「戦時の朝鮮半島出身者の徴用は、国際法上の強制労働にあたらない」と強制性を否定する説明をしました。

安倍政権は過去の強制労働についても認知しようとしないのです。大日本帝国の統治とその戦争の肯定、韓国併合の肯定、加害・植民地支配認識の欠落、強制労働の否認。安倍政権はそのような歴史観を持つ政治家たちによって担われ、支えられているのです。

強制労働を否定する日本政府

このような歴史認識を持つ安倍政権は、韓国大法院判決にどのような対応をしたのでしょうか。日本政府の動きをみてみましょう。大法院日本製鉄判決に対し、二〇一八年一一月一日、安倍首相は衆議院予算委員会でつぎのように発言しました。

旧朝鮮半島出身労働者の問題につきましては、この問題については、一九六五年の日韓請求権協定によって完全かつ最終的に解決しています。今般の判決は、国際法に照らせば、あり得ない判断であります。日本政府としては、国際裁判も含め、あらゆる選択肢を視野に入れて、毅然として対応していく考えでございます。

なお、政府としては、徴用工という表現ではなくて、旧朝鮮半島出身労働者の問題というふうに申し上げているわけでございますが、これは、当時の国家総動員法下の国民徴用令においては募集と官あっせんと徴用がございましたが、実際、今般の裁判の原告四名はいずれも募集に応じたものであることから、朝鮮半島の出身労働者問題、こう言わせていただいているところでございます（「第一九七回国会予算委員会会議録」）。

安倍政権は、原告は募集に応じたのだから徴用工ではなく旧朝鮮半島出身労働者の問題として扱うべきとしました。また、判決を国際法違反とみなしたのです。そして、日韓関係の土台を崩すものとし、対抗しての経済措置をも示唆したのです。

さらに、一一月一五日、安倍政権は韓国に進出している日本企業を集めて政府の立場を説明しました。日本製鉄や三菱重工業は政府の見解に同調し、原告側と対話することを拒みました。判決をふまえ、和解にすすむ道を日本政府が閉ざしていることに問題があります。

問題をすりかえるマスコミ報道

マスコミの報道をみれば、ＮＨＫは一〇月三〇日の「元徴用工判決の衝撃」(時事公論)で、この判決に従えば、日本企業は際限のない賠償責任を負わされるとし、判決は問題を蒸し返すものとしました。また、企業は日本の裁判所が認めない限り、日本国内で賠償に応じる必要はない。元徴用工は韓国政府による救済措置に不満を持っている。韓国政府には被害者を救済する責任がある。痛手を被ったのは被告企業ではなく、むしろ韓国政府だともいえるのではないか、と解説しました。

ＮＨＫは、安倍政権の主張に同調し、韓国の判決の歴史的意義を報道するのではなく、論点をすりかえたのです。

また、朝日新聞の一〇月三一日のソウル発の記事「「視点」　日韓関係の前提覆す」は、「文政権が日韓関係を重視する政策に修正しない限り、司法の命によって請求権協定が破壊され、日韓関係は破綻に近い打撃を受けかねない」と記しました。

しかし、本当にそうでしょうか。今回の判決で破綻したのは、被害者の救済を無視してきた権力の側の論理です。植民地合法論の下での経済協力では、解決されていない問題があるのです。

被害者の尊厳の回復の視点をふまえた報道が構成されるべきでしょう。

消滅していない個人請求権と慰謝料請求権

二〇一八年一一月一四日の衆議院外務委員会では、穀田恵二《こくたけいじ》議員の質問に対し、三上正裕《みかみまさひろ》外務省国際法局長は、一九九一年八月二七日、九二年三月九日の柳井俊二《やないしゅんじ》条約局長の答弁をふまえ、請求権協定では個人の請求権は消滅していないこと、また、請求権協定上の財産、権利及び利益とは財産的価値を認められるすべての種類の実体的権利であり、慰謝料等の請求は財産的権利には該当しないことを認めました。河野太郎外相も個人請求権が消滅していないことを認めました。

この答弁で明らかなように、日韓請求権協定では、財産請求権に対する政府の外交保護権が処理されたのであり、個人請求権は消滅していません。協定は反人道的不法行為への慰謝料請求権を処理するものではなかったのです。大法院判決は、ありえない判断ではなく、国際法に照らして十分にありえる判断です。植民地支配の不法性を認めてこなかった日本政府の姿勢が招いた判決なのです。

日本政府による「ファクト」喧伝の問題

二〇一九年七月、外務省はウェブサイトで「旧朝鮮半島出身労働者問題をめぐるこれまでの経緯と日本政府の立場」(ファクトシート)を公開しました。要約すると、つぎのように記されています。

大法院判決は、日韓請求権協定第二条に明らかに反し、日本企業に対し不当な不利益を負わせ、日韓の友好協力関係の法的基盤を根本から覆すものである。しかし、韓国政府は判決への是正措置をとらないし、外交上の協議に応じず、仲裁にも応じない。さらに韓国政府は、日韓両企業の拠出で財源をつくる案を示し、それを日本が受け入れるなら協議すると提案した。しかし、これは国際法違反の状態を是正するものではないから日本政府は拒否した。韓国側は大法院判決後、外交協議にも仲裁にも応じないという協定違反を積み重ねた。

外務省は韓国側に全責任があるとしています。日本政府は協定違反の被害者とされ、強制動員被害の認定・救済が不法・不当なものとみなされているのです。そして、仲裁に応じるかは任意なのですが、七月一九日の河野外相談話では、韓国が仲裁義務を履行しなかったと非難しています。

このような認識の下で、日本政府は七月に入ると韓国への輸出規制をはじめました。この規制が徴用工問題への対抗措置であるという批判が高まると、貿易管理の見直しであると言い訳するようになりました。七月一九日、河野外相は韓国大使からの基金の再提案の発言をさえぎり、「無礼」であると発言しました。そして八月には韓国を輸出管理制度における優遇措置対象（「ホワイト国」）の指定から外すことにしたのです。

これらは徴用工判決への日本政府による経済報復とみるのが妥当です。韓国に圧力をかけて屈服させようとしています。その根幹には植民地統治を正当とする歴史観があります。植民地統治は合法であり、強制労働はなかった。韓国側の徴用などに対する慰謝料の請求は日韓請求権協定で解決した。大法院判決は国際法違反である、という認識の下で、日本を被害者とみなし、経済報復によって屈服させる。このような形で植民地主義が継続されているわけです。このような安倍政権の対応は、韓国内で「NO！ 安倍」の民衆運動を呼び起こしました。

5 植民地合法論批判

日本統治合法論の喧伝

二〇一九年に出された西岡力の『でっちあげの徴用工問題』は、大法院判決に反発して書かれたものです。要約するとつぎのように記されています。

大法院判決には日本統治を当初から不法とする奇怪な観念(日本統治不法論)がある。朝鮮人戦時労働者は合法であり、強制連行や奴隷労働ではなかった。日本統治不法論によって反人道的不法行為に化ける。これを認めたら、日本統治時代のあらゆる政策が不法とされ、無限の慰謝料請求がなされかねない。日韓関係の根本を揺るがす危険な論理である。日韓請求権協定により、請求権に関しては今後いかなる主張もなしえないとされた。日本企業がこの不当判決を認めず、原告との協議に応じないという毅然たる姿勢を貫けば、困るのは韓国の原告と支援者である。企業を守る体制を官民挙げて作る必要がある。韓国併合一〇〇年日韓知識人共同声明をすすめ、日本統治不法論を提供し、裁判を支援した日本人がいたが、かれらが日韓関係を悪化させた。官民が協力して、戦時動員は強制連行ではない、戦後補償は請求権協定で終わっているという国際広報をおこなうべきである。

このように、植民地支配という用語は使用せずに日本統治とし、その下での労務動員が合法であり、日韓請求権協定で解決済みであるから、企業は判決に応じるな、国際的に広報して対抗しようと主張しているのです。

しかし、日本統治を不法とする考えは奇怪なものなのでしょうか。植民地主義の克服をめざすなかでいまの国際社会が形成されてきました。未解決なままの強制動員問題の解決方法を考えるべきでしょう。真摯に解決に向かう姿勢が理解されれば、慰謝料が無限に請求されることはありません。基金の設立による包括的な解決こそ求められます。日本企業は被害者との協議に応じるべきですし、政府は協議への妨害を止めるべきです。

被害者の人権回復を基調とする国際社会に、植民地(日本統治)合法論に立つ強制労働否認の主張が通用するのでしょうか。その時に合法とされ、あるいは解決済みと考えられていたことでも、戦争被害者の人権が回復されていないとするならば、その回復にむけて、官民が協力して対処すべきとするのが国際的人権論の立場です。

強制連行否定のための歪曲

西岡の本では、統計や証言から、朝鮮人は内地で働きたがっていたのであり、無理やり連行したのではない。かれらは統制に従わず、逃亡し、勝手に就労したのであり、強制連行や奴隷労働はなかったとします。たとえば、鄭忠海《チョンチュンヘ》『朝鮮人徴用工の手記』をとりあげ、鄭は東洋工業に徴用されたが、高給であり、衣食住もよく、逢引もできたとし、強制連行や奴隷労働ではなかった事例としています。けれども、鄭忠海の手記には次のように記されています（〔　〕内は筆者による説明）。


〔動員される釜山港〕今の我々の姿は何かの映画で見た、奴隷市場で売買される奴隷の姿に似ている。

〔玄界灘〕よその国家と民族のため強制的に動員されていく身の上、弱小民族の悲哀。

〔東洋工業〕強制的に引っ張られて来た人々が大部分ではないか、徴用というよからぬ名目で動員されてきて、作業服をまとい奴隷のような扱いを受けていても、故国では優れた紳士たちだ。

〔原爆投下後〕多くの不幸な人々の中には、強制的に連れてこられて彼らの手足になって血の汗を流し、苦役をして不幸にも死んでいく、凄惨な負傷を負った我々の同胞たちがどれほどいるのだろうか。

〔帰国〕日本に強制的に連れて行かれ、苦役に従事した我々同胞が続々帰国している。


このように手記には、徴用により強制的に連れてこられ、奴隷のように苦役に従事したことが記されているのです。西岡はその記述を十分に見ることなく、手記を強制連行や奴隷労働を否定する材料としています。

また、別の頁では、官斡旋や徴用で「かなり強制力の強い動員」があったことを認めながら、逃亡が多く、動員は失敗したから、強制連行はなかったとしています。しかし、「かなり強制力の強い動員」があったことを認めているわけですから、強制連行がなかったとするには無理があります。

最後には「事実に基づかない議論は百害あって一利なし」(二一二頁)と結論が記されていますが、その指摘は鄭の手記の分析にあてはまるものです。強制連行を否定するために事実が歪曲され、利用されています。

抗日運動を人種差別と宣伝

「人種差別に反対するNGO日本連合」という右派の団体の主張は要約するとつぎのようなものです。

韓国政府による反日教育により、韓国民の日本民族への差別意識は年々増大し、レイシャルハラスメントを引き起こしている。韓国の教科書や反日施設は国家ぐるみの最大級のヘイトスピーチであり、人類の崇高な倫理観に反する。国連人種差別撤廃委員会は韓国政府に反日教育の改善を勧告すべきである。

かれらは、植民地支配は合法であるとし、韓国での独立運動の評価を反日教育とみなし、ヘイトと主張するのです。このように考えている人々にとって今回の判決は、反日教育による被害であり、日本への人種差別とされるわけです。かれらは植民地支配下での被害の回復をめざす動きを日本への加害行為とみなすのです。

韓国内の強制労働否定論

韓国内でも新右派とよばれる人びとがネット上の「李承晩《イスンマン》ＴＶ」で、徴用工判決は歴史の歪曲であるという宣伝をはじめました。その主張は『反日種族主義』にまとめられています。この本における李宇衍《イウヨン》による強制労働に関する主張は、要約するとつぎのようなものです。

朝鮮人が強制動員され、奴隷労働をさせられたという強制連行説は、朴慶植《パクキョンシク》が韓日国交正常化を阻止するため、一九六五年に『朝鮮人強制連行の記録』を出版して主張したものである。それが韓国の歴史認識、大法院判決にも影響している。しかし、労務動員は、基本的には自発的な渡航であり、強制的ではなかった。日本への渡航はひとつのロマンであり、多くは金儲けのためだった。七三万人余が労務動員されたが、徴用は一〇万人以下とみられる。賃金や作業配置での民族差別はなく、賃金は分け隔てなく正常に支払われた。賃金格差は勤続期間や熟練度の差によるものである。強制貯蓄や殴打などの前近代的管理はあったが、日本人に対しても同様だった。生活は特別慰安所に行けるほど自由であった。朝鮮人の災害率が高いのは民族差別ではなく、炭鉱の労働需要と労働供給が作りあげた不可避な結果である。一九三九年からの動員を強制徴用とすることは、巧みな歴史事実の誇張と歪曲が含まれる。

李は労務動員が国家による計画的、集団的な動員であったことを示さずに、自由な渡航であるかのように描きます。植民地下で、民族の言葉や名前を奪って日本人化をすすめた皇民化政策の問題点、それによる戦時の動員の問題点は示しません。また、動員後の監視、暴力、賃金不払い、強制貯金、未送金などの人権侵害の実態についても具体的に示しません。韓国内での一部の写真の誤用を指摘し、それをもって、強制労働全般を否認し、大法院判決を否定する材料にしています。

このような宣伝は、「巧みな歴史事実の誇張と歪曲」であり、強制労働の事実を隠すトリックです。

強制連行・強制労働は、朝鮮の植民地支配の下でなされた歴史的事実です。ここまでみてきたように、動員期の文書には強制的に連行したという内容の記載があります。動員された人びとの証言も数多くあります。解放直後には、強制的な労務動員を、強制動員、強制労働とし、賠償を要求する動きがありました。欺罔や拉致による強制的な動員は、朴慶植による創作ではなく、朝鮮民族の歴史的体験だったのです。

日本による動員に対して自発的に呼応していく人格を作りあげた、植民地統治の構造的な暴力性を問うべきでしょう。朝鮮人の精神を改造しようとした皇民化政策の歴史を批判的に考察し、表現することが歴史を語る者の仕事であると思います。

第5章　植民地責任をとるために

1　強制労働は歴史的事実

二〇〇四年、韓国政府の下に日帝強占下強制動員被害真相糾明委員会が設立されると、被害申請は二〇万人に及びました。この委員会は真相調査をすすめ、数多くの報告書や聞き取りをまとめています。このような活動を経るなかで、大法院判決が出されたのです。強制連行や強制労働がなかったとする論こそ、歴史の歪曲です。

日本の判決でも、第二章でみたように、日本製鉄では二〇〇一年の大阪地裁判決、三菱広島では二〇〇五年の広島高裁判決、三菱名古屋では二〇〇七年の名古屋高裁判決で、強制労働の事実が認定されています。

日本の高校歴史教科書には、日本による朝鮮支配のなかで皇民化政策により日本語強制、創氏改名などがなされ、朝鮮人の民族性が否定され、多くの人々が工場や炭鉱などに強制的に連行されたことが記されています。なかには「労働力不足を補うため、一九三九年からは集団募集で、四二年からは官斡旋で、四四年からは国民徴用令によって、約八〇万人の朝鮮人を日本内地や樺太・アジア太平洋地域などに強制連行した。また同期間に四一五万人の朝鮮人を朝鮮内の鉱山や工場に、一一万人を軍隊内での労務要員に強制連行した」と註を入れて詳しく記しているものもあります（『高校日本史B』実教出版、二〇一七年三月検定済）。

こうした報告、判決、記載が示すように、日本による強制連行、強制労働は歴史的事実です。にもかかわらず、歴史を歪曲する人びとは、日本の過去の加害事実を否認し、韓国の判決を非難する側に立つのです。そのような歴史観に近い安倍政権は大法院判決を非難し、企業と被害者との自主的な和解を妨害しています。判決を出した韓国の大法院と韓国の政府を加害者のようにみなし、自らを被害者とするのです。そこには植民地支配を合法とする考えがあり、強制動員被害者の尊厳を回復するという視点が欠落しています。

けれども、確定した強制動員慰謝料請求権を覆すことはできません。誠実に事実と向き合い、植民地合法論を克服し、歴史的事実を認め、その責任をとることが求められているのです。

加えて指摘すべきは天皇制と植民地支配の問題です。植民地朝鮮の主権者は天皇でした。天皇が統治権、統帥権を持ち、天皇の主権の下で、朝鮮総督府が朝鮮の行政・立法・司法を握っていました。戦時の強制的な労務動員は天皇の統治の一環です。天皇制の植民地統治責任についても明らかにすべきでしょう。

2　基金の設立による包括的解決を

問題解決に向けて、日本政府と日本社会には強制動員慰謝料請求権の確定をふまえた対応が求められます。日韓の友好は日本が植民地責任をとることからはじまります。二〇〇一年の国連のダーバン会議(人種主義に反対する世界会議)では、奴隷制を人道に対する罪と認め、植民地支配が人道に対する罪にあたるのかが議論されました。植民地主義を終わらせ、その責任をとること、重大な人権侵害に対しては実効性ある救済をおこなうことが国際的な理解になってきました。大法院判決での、強制動員を反人道的不法行為とみなすという指摘を受け入れるときなのです。

日本政府は韓国の司法判断への批判を止め、植民地支配の不法性、反人道性を認め、その下での強制動員(強制労働)の事実を認知すべきです。企業と原告との協議に介入してはなりません。

被害者の人権回復を中心に国際法を解釈し、正義・賠償・真実の権利の視点で解決していくことが大切です。今回の判決は日韓の友好やその基盤を破壊するものではありません。強制動員慰謝料請求権の確定は、戦争被害者の人権救済をすすめてきた人類史の成果として評価すべきです。

強制労働被害者の尊厳の回復と正義の実現の地平から、あらたな日韓の関係を形成すべきでしょう。過去を清算する活動、強制動員問題をはじめ植民地責任をとろうとする真摯な取り組みが、日本への信頼を生み、ひいては北東アジアの平和と人権への構築につながります。

強制動員に関わった、あるいはその歴史を継承する日本企業は、その事実を認知し、日韓両政府とともに解決に向けて、共同の作業をはじめるべきです。被害者への賠償に応じ、和解をすすめることが求められます。

また、包括的解決に向け、日韓共同での財団・賠償基金の設立を検討するときです。法の正義とは人権の回復であり、請求権協定がその正義の実現の妨げとなっているならば、それを超える政策を考えるべきです。

戦時に朝鮮人を労務動員した企業で、名前が変わっても現存しているものが数多くあります（巻末資料）。これを機会に企業は強制労働の歴史を反省し、その清算に向かうべきです。ドイツ企業が強制労働被害者との和解のために設立された「記憶・責任・未来」財団に出資したように、和解に向けて財団・基金の設立をすすめるべきでしょう。

「記憶・責任・未来」財団の設立にあたり、フォルクスワーゲン社が主導的な役割を果たしました。同社はドイツによる戦時の強制労働に関して、「記憶保存の企業文化」を提唱し、強制労働を記録した社史の編纂、強制労働の記念碑の建立、強制労働に関する「記憶保存資料館」の建設、強制労働被害者への人道的な支援、強制労働関係資料の出版などの活動をすすめてきました。

ドイツ企業はこの基金を設立することで、強制労働が未解決の人権侵害であることを認め、歴史的責任を取ろうとしたのです。三菱重工業や日本製鉄にもできることです。その活動が企業の国際的信用を高めることになります。

真相が究明され、被害者の尊厳が回復され、正しく歴史が継承されることが「解決済み」への道なのです。日本と韓国が正義を争い、勝ち負けを決めるというのではなく、歴史の歪曲を批判する力をたかめ、真実を明らかにし、戦争動員による被害を救済し、正義を実現することが求められているのです。

おわりに

わたしの母方の祖父は静岡県の浜松で一九〇八年に生まれ、戦争の拡大にともない、一九四二年に再び徴兵され、四五年にフィリピンのミンダナオ島で戦死しました。その時、母は一〇歳でした。幼くして父と別れ、死を知った娘の悲しみは深いものでした。祖母と母は「靖国」の妻と子でした。わたしの父は一九四五年に徴兵され、北海道の旭川に動員されましたが、生還できました。父が戦死していたら、わたしは生まれてはこなかったのです。戦争動員は未来の生を奪ってしまうものです。

義父も一九四五年に静岡県の掛川から岐阜県の連隊に動員されました。一七歳八か月の時です。出発の日の家族・親戚の写真がありますが、最後の別れになるかもしれないという時の写真であり、笑顔の者はいません。日本は天皇制を維持するために、一七歳の青年まで収奪したのです。義父は生還し、次の世代を育てることができました。

日本は総力戦態勢の下で、日本だけでなく朝鮮や台湾からも青年を動員し、戦後、遺族に断りもなく、戦争死者を靖国神社に神として祀っています。魂まで収奪しているのです。

わたしは「靖国」の孫にあたりますが、歴史を学ぶなかで、靖国神社の戦争動員装置としての役割、その宣伝の偽りを理解するようになりました。靖国神社の遊就館の展示には、戦争への反省はなく、戦争責任や植民地責任は示されません。

そのような「靖国」を賛美し、過去の戦争を肯定するものたちが、いまもいます。雑誌やネット上では、歴史の事実をねじ曲げ、隣国を侮蔑する言葉が数多く流されています。そのような動きが一掃され、憎しみ合い、殺し合うという関係をふたたびつくらせないことが大切であると思います。

第一に、植民地支配の不法性を認める、そこから新たな関係をつくるべきでしょう。韓国大法院の徴用工判決の意義、意味を理解し、日韓両国の対立を煽るのではなく、この問題の解決に向けて市民がともに歩むべきときです。歴史に学び、いまも続く植民地主義を克服したいものです。

（本稿は文化センターアリラン（東京都新宿区）での二〇一九年五月二五日の講演「朝鮮人徴用工問題とはなにか——強制動員慰謝料請求権の確定と課題」に加筆したものです）

参考文献

研究書など

山田昭次・古庄正・樋口雄一『朝鮮人戦時労働動員』岩波書店、二〇〇五年。

松村高夫『日本帝国主義下の植民地労働史』不二出版、二〇〇七年。

西成田豊『労働力動員と強制連行』山川出版社、二〇〇九年。

外村大『朝鮮人強制連行』岩波書店、二〇一二年。

神奈川県と朝鮮の関係史調査委員会編『神奈川と朝鮮』神奈川県渉外部、一九九四年。

朝鮮人強制連行実態調査報告書編集委員会編『北海道と朝鮮人労働者』北海道保健福祉部、一九九九年。

神戸港における戦時下朝鮮人・中国人強制連行を調査する会編『神戸港　強制連行の記録』明石書店、二〇〇四年。

海野福寿・権丙卓『恨　朝鮮人軍夫の沖縄戦』河出書房新社、一九八七年。

太田修『〔新装新版〕日韓交渉』クレイン、二〇一五年。

吉澤文寿『〔新装新版〕戦後日韓関係』クレイン、二〇一五年。

吉澤文寿編『五〇年目の日韓つながり直し』社会評論社、二〇一六年。

塚﨑昌之「在阪朝鮮人の定住化と生活に関する史的研究」二〇一五年。

山本晴太・川上詩朗・殷勇基・張界満・金昌浩・青木有加『徴用工裁判と日韓請求権協定』現代人文社、二〇一九年。

戸塚悦朗『「徴用工問題」とは何か？』明石書店、二〇一九年。

「日韓交渉から見た韓国大法院判決とは？」集会資料集・大阪、二〇一九年。

「解放七四年、強制動員問題の過去、現在、未来」強制動員問題解決のための国際会議・ソウル、二〇一九年。

「日帝強制動員問題の争点と正しい解決のための韓日共同シンポジウム」資料集・ソウル、二〇一九年。

深川宗俊『海に消えた被爆朝鮮人徴用工　鎮魂の海峡』明石書店、一九九二年。

『海峡を越えて』日韓被爆者交流会とそれを支援する会、一九九九年。

『三菱広島・元徴用工被爆者裁判　高裁判決をめぐって』三菱広島・元徴用工被爆者裁判を支援する会、二〇〇五年。

『訴状　元朝鮮女子勤労挺身隊員に対する損害賠償等請求事件』名古屋三菱・朝鮮女子勤労挺身隊訴訟弁護団、同支援する会、一九九九年。

「韓国・日本製鉄訴訟　訴状・判決」日本製鉄元徴用工裁判を支援する会、二〇一八年提供資料。

鄭忠海『朝鮮人徴用工の手記』(井上春子訳)河合出版、一九九〇年。

西岡力『でっちあげの徴用工問題』草思社、二〇一九年。

李栄薫編『反日種族主義』文藝春秋、二〇一九年。

出石直「元徴用工判決の衝撃」(時事公論)二〇一八年一〇月三〇日、日本放送協会ウェブサイト。

『高校日本史B』実教出版、二〇一七年。

動員期資料など

「朝鮮人労働者内地移住ニ関スル方針」、「朝鮮人労働者募集要綱」(内地側)、「朝鮮人労働者募集並取扱要綱」(朝鮮総督府側)『高等外事月報』第二号、朝鮮総督府警務局保安課、一九三九年八月、「朝鮮人労働者内地移住状況」『高等外事月報』第三号、同課、一九三九年九月、東京経済大学図書館・桜井義之文庫蔵。

「朝鮮人労務者移住促進ニ関スル緊急措置ニ関スル件」内務省警保局保安課、一九四一年二月、朴慶植編『在日朝鮮人関係資料集成』四、三一書房、一九七六年。

「労務動員計画実施ニ伴フ所謂縁故ニヨル朝鮮人労務者ノ移住取扱ヒニ関スル件」同課、一九四一年四月、朴編『資料集成』四。

「募集ニ依ル朝鮮人労働者ノ状況」同課、一九三九年、朴編『資料集成』四。

「募集ニ依ル朝鮮人労働者ノ状況」同課、一九四〇年、松村高夫「第二次大戦期の朝鮮人強制連行・強制労働」

『三田学会雑誌』八三―三、一九九〇年一〇月。

「労務動員計画に基く内地在住朝鮮人労働者の動向に関する調査」司法省刑事局、『思想月報』七九、一九四一年、朴編『資料集成』四。

「朝鮮人関係書類綴」豊原警察署、一九四一年、長澤秀編『戦前朝鮮人関係警察資料集Ⅲ』緑蔭書房、二〇〇六年。

「鑛夫名簿」北海道炭礦汽船万字坑、北海道博物館蔵。

「移入労務者訓練及取扱要綱」厚生省・内務省、一九四二年二月、朴編『資料集成』四。

「移入朝鮮人労務者状況調」中央協和会、一九四二年、『協和事業関係』内務省警保局保安課、一九四四年、国立国会図書館憲政資料室蔵。

「朝鮮人労務者活用ニ関スル方策」一九四二年二月閣議決定、朴編『資料集成』四。

「朝鮮人内地移入斡旋要綱」朝鮮総督府、一九四二年、朴編『資料集成』四。

「半島人労務者移入ニ関スル件」鉄鋼統制会、一九四二年三月、『神奈川と朝鮮』。

「移入朝鮮人労務者逃走防止対策要綱」、「移入朝鮮人労務者逃走防止ニ関スル件」厚生省、一九四二年八月、朴編『資料集成』四。

「半島人各府県別割当人員表」一九四二年九月二一日徴用命令、『朝鮮人関係書類』内務省警保局、一九四一～四二年、国立国会図書館憲政資料室蔵。

「華人労務者内地移入ニ関スル件」企画院第三部、一九四二年一一月、『華労移入経過』一九四二～四五年、アジア歴史資料センター。

「半島人労務者供出状況調」一九四三年度、石炭統制会労務部京城事務所、長澤秀編『戦時下朝鮮人中国人連合軍俘虜強制連行資料集Ⅰ』緑蔭書房、一九九二年。

「労務状況速報」、「県別炭礦労務者移動調」石炭統制会、一九四三年・四四年、長澤編同資料集。

「支部管内炭礦現況調査表」石炭統制会福岡支部、一九四二～四五年、九州歴史資料館蔵。

「昭和十八年九月二十日到着半島人名簿」北海道炭礦汽船、加藤博史編『戦時外国人強制連行関係史料集Ⅲ朝鮮人2中』明石書店、一九九一年。

「労務動員関係朝鮮人移住状況調」一九四三年一二月末、「昭和二十年度追加予算参考書」『種村氏警察参考資料第一一〇集』アジア歴史資料センター。

「昭和十九年度新規移入朝鮮人労務者事業場別数調」(「内鮮警察機構整備に要する経費説明」)『同第九八集』アジア歴史資料センター。

小暮泰用「復命書」(内務省管理局長宛)一九四四年七月、『本邦内政関係雑纂 植民地関係 第二巻』アジア歴史資料センター。

「治安状況」、朝鮮総督府警務局保安課「治安関係参考」一九四四年八月、『同 第三巻』アジア歴史資料センター。

「半島人労務者ノ移入ニ関スル件」一九四四年八月閣議決定、『公文類聚第六十八編 昭和十九年 第八十巻』アジア歴史資料センター。

「詮衡場に於ける半島人の徴用忌避の実相」『朝鮮検察要報』一〇号、朝鮮総督府高等法院検事局、一九四四年一二月、『神戸港 強制連行の記録』。

「内地樺太南洋移入朝鮮人労務者渡航状況」朝鮮総督府鉱工局勤労動員課、第八六回帝国議会説明資料、一九四四年一二月。

『釜山往復』、『争議関係』北海道炭礦汽船、北海道大学附属図書館北方資料室蔵。

「徴用忌避防遏取締指導要綱」朝鮮総督府、一九四五年(毎日新報記事、外村大『朝鮮人強制連行』による)。

「朝鮮人治安維持法違反検挙調」、「特高月報」原稿 内務省警保局、一九四五年、朴編『資料集成』五。

戦後資料など

「朝鮮人労務者関係」日本製鉄・勤労課、一九四六〜五〇年、駒沢大学図書館蔵。

「朝鮮人労務者に関する調査」厚生省勤労局、一九四六年。

「華鮮労務対策委員会活動記録」日本建設工業会、一九四七年。

『日本人の海外活動に関する歴史的調査』一〇、朝鮮篇九、大蔵省管理局、一九四七年。

李相徳「対日賠償の正当性」『新天地』三―一、一九四八年一月。

「朝鮮人の在日資産調査報告書綴」労働省、一九五〇年、国立公文書館蔵。

「経済協力　韓国一〇五　労働省調査　朝鮮人に対する賃金未払債務調」大蔵省、一九五三年、国立公文書館蔵。

「朝鮮人の留保された資金」GHQ覚書、一九五〇年一月一〇日、『経済協力　韓国一〇五』。

「金銭供託受付簿」一九五〇年三月～五九年三月、東京法務局蔵。

「朝鮮人戦没者遺骨問題に関する件」外務省アジア局第一課、一九五六年六月七日。

「朝鮮人人員(総括)表(陸軍)」一九五二年一月、九州大学韓国研究センター森田文庫蔵。

「編成定員開戦時総人員鮮台沖等の検討」留守業務部、一九五〇年、防衛省防衛研究所図書館蔵。

具聖祖「陳情書」一九六三年一一月、「具然錫氏の死亡確認調査等について」外務省アジア局北東アジア課、一九六四年七月、『太平洋戦争終結による旧日本国籍人の保護引揚関係雑件　朝鮮人関係』外務省外交史料館蔵。

「朝鮮人労務者勤労状況報告」厚生省、一九四四年三月、「朝鮮出身者調査表(軍人の部)」(海軍)一九五二年、「朝鮮人人員表(地域別)分類表」(陸軍)一九五三年ころ、「終戦後朝鮮人海軍軍人軍属復員事務状況」入管総務課、一九五三年、「第二次世界大戦中に国民動員計画により日本内地に導入された朝鮮人労務者の現在数について」法務省入国管理局、一九五五年、「在日朝鮮人の渡来および引揚に関する経緯、とくに、戦時中の徴用労務者について」外務省、一九五九年、「朝鮮人の労務動員に関するメモ」一九六一年、外務省提示・豊島陸資料、「韓国請求権(被徴用者補償金関係)参考資料」大蔵省理財局、一九六一年、「被徴用韓人関係資料」外務省北東アジア課、一九六一年、「朝鮮人移入労務者数」外務省北東アジア課、一九六二年、「韓国人移入労務者数について」外務省北東アジア課、一九六二年、「もと朝鮮籍の旧海軍軍人軍属員数表」厚生省援護局整理第二課、一九六二年、「朝鮮在籍旧陸海軍軍人軍属出身地別統計表」厚生省援護局、一九六二年、金英達収集文書、神戸市立中央図書館青丘文庫蔵。

「韓国一般請求権のうち朝鮮人徴用労務者、軍人軍属、文官恩給該当者数に関する件（井関局長指示事項）」外務省・北東アジア課、一九六二年一月三〇日、日韓会談文書・全面公開を求める会ウェブサイト。

「日韓基本条約及び諸協定に関する参考資料」参議院外務委員会調査室、一九六五年一〇月、同会サイト。

外務省アジア局北東アジア課内交渉史編纂委員会編「日韓国交正常化交渉の記録　第一編」外務省蔵、同会サイト。

久保田貫一郎「第二・三次日韓会談の回顧」、後宮虎郎「日韓交渉に関する若干の回想」、井関佑二郎「日韓交渉の回顧　井関元アジア局長に聞く」、黒田瑞夫「私の関係した日韓交渉の歴史」、佐藤正二「日韓会談における請求権・経済協力協定第二条に関する交渉」、松永信雄「日韓交渉の回顧　条約課の立場から」、小和田恆「日韓会談における請求権・経済協力協定第二条に関する交渉　合意事項イニシャル後協定調印まで（追録）」、『日韓国交正常化交渉の記録　第二編手記・座談会』外務省蔵、二〇一二年、情報開示資料、同会サイト。

「対韓経済技術協力に関する予算措置について」外務省北東アジア課、一九六〇年七月二二日、「日韓請求権問題の解決方法について」アジア局長、一九六二年八月三一日、井関佑二郎「日韓交渉の回顧　井関元アジア局長に聞く」同会サイト。

「日韓国交正常化交渉の記録」関係資料、九州大学韓国研究センター森田文庫蔵。

朝鮮人強制動員企業現在名一覧（二〇一九年作成）

企業名	強制動員期企業名
IHI	石川島造船所、播磨造船所、名古屋造船所
アイサワ工業	中国土木
愛知機械工業	愛知航空機
愛知製鋼	豊田製鋼
愛知時計電機	愛知時計電機
秋田海陸運送	秋田港湾運送（船川）
旭化成	日窒ベンベルク（延岡）
アサヒグループホールディングス	大日本麦酒
旭鉱末	旭砿末
味の素	大日本化学工業
アステック入江	入江組
東海運	東海運
麻生セメント	麻生鉱業、産業セメント鉄道
ADEKA	旭電化工業
荒井建設	荒井合名
安藤ハザマ	間組
アンビック	日本フエルト工業
飯野海運	飯野海運
飯野港運	飯野産業（舞鶴）
池貝	池貝鉄工所
石原産業	石原産業
いすゞ自動車	ヂーゼル自動車工業
出光昭和シェル	日本油化工業
伊藤組土建	伊藤組
糸平興産	田中鉱業
イビデン	揖斐川電気工業
岩田地崎建設	地崎組
宇部興産	宇部興産
宇部マテリアルズ	理研金属（宇部）
宇部三菱セメント	宇部興産、宇部セメント
梅林建設	梅林組
SECカーボン	昭和電極
NSユナイテッド海運	日鉄汽船
NYKバルク・プロジェクト	日之出汽船
王子製紙	王子製紙
オーエム製作所	大阪機械製作所
OKK	大阪機工
大阪ガス	大阪瓦斯
大阪機船	大阪機船
大阪製鐵	大和製鋼
大林組	大林組
奥村組	奥村組
オリエンタル白石	白石基礎工事
鹿島建設	鹿島組
兼松サステック	日産農林工業
株木建設	株木組
川崎運送	川崎運送
川崎汽船	川崎汽船

川崎近海汽船	日本近海汽船
川崎重工業	川崎重工業、川崎航空機工業、川崎車両
関西電力	日本発送電
神崎組	神崎組
関東電化工業	関東電化工業
九州電力	日本発送電
京三製作所	京三製作所
協和キリン	東亜化学興業
日下部建設	日下部汽船
クボタ	久保田鉄工所
熊谷組	熊谷組
クラシエホールディングス	鐘淵紡積
クラレ	倉敷絹織
栗林商船	栗林商船
栗本鉄工所	栗本鉄工所
黒崎播磨	黒崎窯業、九州耐火煉瓦
グンゼ	郡是製糸
ケイラインローローバルクシップマネージメント	太洋海運
虹技	神戸鋳鉄所
合同製鉄	大谷重工業、日本砂鉄鋼業
鴻池組	鴻池組
神戸製鋼所	尼崎製鋼所、尼崎製鉄、神戸製鋼所
コベルコ建機	油谷重工
コマツ	小松製作所
コマツNTC	大日本兵器

相模組	相模組
サクション瓦斯機関製作所	サクション瓦斯機関製作所
佐藤工業	佐藤工業
佐野屋建設	佐野屋組
サワライズ	早良鉱業
三機工業	三機工業、東洋鋼材
山九	山九運輸
三光汽船	三光汽船
サンデン交通	山陽電気軌道
山陽特殊製鋼	大阪特殊製鋼、山陽製鋼
JR	日本国有鉄道
JX金属	日本鉱業
JFE条鋼	吾妻製鋼
JFEスチール	川崎重工業、日本鋼官
JFEミネラル	日本鋼管鉱業
J-オイルミルズ	豊年製油、吉原製油
ジェイ-ワイテックス	興国鋼線索
四国電力	日本発送電
品川リフラクトリーズ	品川白煉瓦
清水運送	清水港運送
清水建設	清水組
商船三井	三井船舶、日本海汽船、松岡汽船、山下汽船、大阪商船、日東商船、大同海運、北海船舶
常磐興産	常磐炭鉱
昭和KDE	昭和鉱業
昭和産業	昭和産業

昭和鉄工	昭和鉄工
昭和電気鋳鋼	昭和電気製鋼
昭和電工	昭和電工、高田アルミニウム
昭和飛行機工業	昭和飛行機工業
信越化学工業	信越化学工業
新笠戸ドック	笠戸船渠
新神戸ドック	東出鉄工所
新日本海重工業	日本海船渠工業
新日本電工	日本電気冶金
新明和工業	川西航空機
菅原建設	菅原組
スズキ	鈴木式織機
鈴与	鈴与商店
SUBARU	中島飛行機
住石ホールディングス	住友鉱業（石炭）
住友大阪セメント	東洋、大阪窯業セメント
住友化学	住友化学工業
住友金属鉱山	住友鉱業（金属）
住友ゴム工業	中央ゴム工業
住友重機械ギヤボックス	大阪製鎖造機
住友重機械工業	浦賀船渠
住友電気工業	住友電気工業
住友理工	東海護謨工業
セイタン	東京精鍛工所
銭高組	銭高組
第一中央汽船	中央汽船運航
ダイキン工業	大阪金属工業

大成建設	大倉土木
ダイセル	大日本セルロイド
ダイゾー	大阪造船所、東京製鉄
大同化学工業	大同化学工業
大同特殊鋼	日本特殊鋼、大同製鋼
太平製作所	太平製作所
太平洋興発	太平洋炭礦
太平洋セメント	秩父セメント、浅野セメント、小野田セメント、東亜セメント
ダイワボウホールディングス	大和紡績
田岡化学工業	田岡染料製造
竹中工務店	竹中工務店
立飛ホールディングス	立川飛行機
玉井商船	玉井商船
丹野組	丹野組
チッソ	日本窒素肥料（水俣）
中央電気工業	中央電気工業
中外鉱業	中外鉱業
中国電力	日本発送電
中国塗料	中国塗料
中部電力	日本発送電
敦賀海陸運輸	敦賀港海陸運送
テイカ	帝国化工
帝国繊維	帝国繊維
帝国窯業	帝国窯業
帝人	東京麻糸紡績（沼津）

鉄建建設	鉄道建設興業
デンカ	電気化学工業
土肥マリン観光	土肥鉱業
トーア	東亜金属工業
東亜建設工業	東亜港湾工業
東亜合成	鶴見曹達
トーカイ	東海鋼業(若松)
東海カーボン	東海電極製造
東海汽船	東海汽船
東京ガス	東京瓦斯、東京瓦斯化学
東京製綱	東京製綱(小倉)
東京製鉄	東京製鉄
東京電力	日本発送電
東芝	東京芝浦電気
東芝機械	芝浦工作機械
東ソー	東洋曹達工業
東邦亜鉛	東邦亜鉛、日本亜鉛
東邦ガス	東邦瓦斯
東邦車両	帝国車両工業
東北電力	日本発送電
東洋鋼鈑	東洋鋼鈑
東洋鉄線工業	東洋鉄線工業
DOWAホールディングス	藤田組
トクヤマ	徳山曹達
戸田建設	戸田組
杤木汽船	杤木汽船

トナミ運輸	砺波運輸
トピー工業	東都製鋼、宮製鋼所、東京シヤリング
飛島建設	飛島組
トヨタ自動車	トヨタ自動車工業
ナイガイ	内外製鋼所
直江津海陸運送	直江津港湾運送
中山製鋼所	中山製鋼所
七尾海陸運送	七尾海陸運送
ナブテスコ	日本制動機
名村造船所	名村造船所
新潟造船	新潟鉄工所
西松建設	西松組
ニチリン	日輪ゴム工業
日華油脂	日華油脂
日工	日本工具製作
日産化学	日産化学、日本炭礦
日産工機	日本内燃機
日産自動車	日産自動車
ニッチツ	日窒鉱業開発
日鉄鋼管	日本パイプ製造
日鉄鉱業	日鉄鉱業
日鉄日新製鋼	日亜製鋼、徳山鉄板
日鉄物流	広畑港運
日鉄物流八幡	日鉄八幡港運
日本カーバイド工業	日本カーバイド工業
日本カーボン	日本カーボン

日本カタン	日本可鍛鋳鉄所
日本化薬	日本火薬製造
日本乾溜工業	日本乾溜工業
日本軽金属	日本軽金属
日本高周波鋼業	日本高周波重工業
日本車輌製造	日本車輌
日本水産	日本水産
日本製紙	山陽パルプ
日本製鉄	日本製鉄、住友金属工業、帝国特殊製鋼、小倉製鋼
日本鋳造	日本鋳造
日本通運	日本通運
日本ヒューム	日本ヒューム管
日本冶金工業	日本冶金工業
日本郵船	三菱海運、三菱汽船、東洋汽船、日産汽船、日本油槽船、日本郵船
日本ガイシ	日本碍子
日本コークス工業	三井鉱山（石炭）
日本重化学工業	東北電気製鉄
日本新金属	栗村鉱業所
日本製鋼所	日本製鋼所
日本船主協会	日本海運協会
日本曹達	日本曹達
日本無線	日本無線
野上	野上鉱業
野村興産	野村鉱業
博多港運	博多港運
萩森興産	萩森炭礦
函館どつく	函館船渠
パナソニック	松下電器産業
阪神内燃機工業	阪神内燃機工業
菱中建設	中村組（東鹿越石灰・千歳鉱山）
日立製作所	日立製作所
日立造船	日立造船、大阪鉄工所（神奈川）
姫路合同貨物自動車	姫路合同貨物自動車
広島ガス	広島瓦斯
廣野組	廣野組
備後通運	備後通運
フェリーさんふらわあ	関西汽船
富士貨物自動車	富士貨物自動車
伏木海陸運送	伏木港湾運送
不二越	不二越鋼材工業、不二越圧延
フジタ	藤田組
富士電機	富士電機製造
富士紡ホールディングス	富士紡績
古河機械金属	古河鉱業
古河電気工業	古河電気工業
北越メタル	北越電化工業
北陸電力	日本発送電
北海道石炭荷役	北海道石炭荷役
北海道炭礦汽船	北海道炭礦汽船

北海道電力	日本発送電
保土谷化学工業	保土谷化学工業
マーレエレクトリックドライブズジャパン	国産電機
マツダ	東洋工業
松村組	松村組
マルハニチロ	日魯漁業
ミクニ	三国商工
三井Ｅ＆Ｓホールディングス	三井造船、藤永田造船所
三井化学	東洋高圧工業、三池染料
三井金属鉱業	三井鉱山(金属)
三井住友建設	西本組、勝呂組、三井建設工業
三井農林	三井農林
三井物産	三井物産
三井物産スチール	日本鋼業本社
三井松島ホールディングス	松島炭鉱
三菱ケミカル	東邦重工、旭硝子、三菱化成
三菱重工業	三菱重工業
三菱伸銅	三宝伸銅工業
三菱製鋼	三菱製鋼
三菱倉庫	三菱倉庫
三菱電機	三菱電機
三菱マテリアル	三菱鉱業、雄別炭礦
ミネベアミツミ	中央工業
美濃工業栃木	古河鋳造
宮地サルベージ	宮地汽船
未来図建設	金子組
向島ドック	日産造船所
明治海運	明治海運
メタルアート	後藤鍛工
門司港運	門司港運
森本組	森本組
矢橋工業	矢橋工業
ヤンマー	山岡内燃機
ヨータイ	大阪窯業耐火煉瓦
横浜ゴム	横浜護謨製造
吉澤石灰工業	吉澤石灰工業
淀川製鋼所	淀川製鋼所
吉年	吉年可鍛鋳鉄
ラサ工業	ラサ工業、鯛生産業
リーガルコーポレション	日本製靴
リケン	理研工業
リコーエレメックス	高野精密工業
りんかい日産建設	日産土木
燐化学工業	燐化学工業
リンコーコーポレーション	新潟臨港開発
ワンダーテーブル	蓬莱タンカー

参考　韓国・対日抗争期強制動員被害調査及び国外強制動員犠牲者等支援委員会「強制動員現存企業(日本地域)」二〇一二年、同「委員会活動結果報告書」二〇一六年、『朝鮮人強制労働企業現在名一覧』神戸学生青年センター出版部、二〇一二年

＊鐵や鑛などの旧字体を新字体とした箇所がある。株式会社は略した。

竹内康人
1957年浜松市生まれ，歴史研究．著書に『調査・朝鮮人強制労働①〜④』(社会評論社 2013〜15年)，『明治日本の産業革命遺産・強制労働Q&A』(同 2018年)，『戦時朝鮮人強制労働調査資料集 増補改訂版 連行先一覧・全国地図・死亡者名簿』(神戸学生青年センター出版部 2015年)，『戦時朝鮮人強制労働調査資料集2 名簿・未払い金・動員数・遺骨・過去清算』(同 2012年)．論文に「朝鮮人軍人軍属の強制動員数」(『大原社会問題研究所雑誌』686，2015年)ほか．
連絡先　paco.yat@poem.ocn.ne.jp

韓国徴用工裁判とは何か　　岩波ブックレット 1017

2020年1月8日　第1刷発行
2020年3月5日　第2刷発行

著　者　竹内康人《たけうちやすと》

発行者　岡本　厚

発行所　株式会社 岩波書店
〒101-8002 東京都千代田区一ツ橋 2-5-5
電話案内 03-5210-4000　営業部 03-5210-4111
https://www.iwanami.co.jp/booklet/

印刷・製本　法令印刷　　装丁　副田高行　　表紙イラスト　藤原ヒロコ

ISBN 978-4-00-271017-4　　Printed in Japan

読者の皆さまへ

岩波ブックレットは，タイトル文字や本の背の色で，ジャンルをわけています．

赤系＝子ども，教育など
青系＝医療，福祉，法律など
緑系＝戦争と平和，環境など
紫系＝生き方，エッセイなど
茶系＝政治，経済，歴史など

これからも岩波ブックレットは，時代のトピックを迅速に取り上げ，くわしく，わかりやすく，発信していきます．

◆岩波ブックレットのホームページ◆

岩波書店のホームページでは，岩波書店の在庫書目すべてが「書名」「著者名」などから検索できます．また，岩波ブックレットのホームページには，岩波ブックレットの既刊書目全点一覧のほか，編集部からの「お知らせ」や，旬の書目を紹介する「今の一冊」，「今月の新刊」「来月の新刊予定」など，盛りだくさんの情報を掲載しております．ぜひご覧ください．

▶岩波書店ホームページ　https://www.iwanami.co.jp/ ◀
▶岩波ブックレットホームページ　https://www.iwanami.co.jp/booklet ◀

◆岩波ブックレットのご注文について◆

岩波書店の刊行物は注文制です．お求めの岩波ブックレットが小売書店の店頭にない場合は，書店窓口にてご注文ください．なお岩波書店に直接ご注文くださる場合は，岩波書店ホームページの「オンラインショップ」(小売書店でのお受け取りとご自宅宛発送がお選びいただけます)，または岩波書店〈ブックオーダー係〉をご利用ください．「オンラインショップ」，〈ブックオーダー係〉のいずれも，弊社から発送する場合の送料は，1回のご注文につき一律650円をいただきます．さらに「代金引換」を希望される場合は，手数料200円が加わります．

▶岩波書店〈ブックオーダー〉 ☎049(287)5721　FAX 049(287)5742 ◀

1010

新版 外国人労働者受け入れを問う

二〇一八年末の改定入管法による外国人労働者受け入れ拡大は、彼らの人権を無視する形で進められている。いま日本で暮らす、そしてこれからやって来る外国人と共に生きる新たな多文化社会は可能か。改定法を踏まえて見直した新版。

宮島喬、鈴木江理子

1009

過労死１１０番――働かせ方を問い続けて30年

今や英語の辞書にも載る言葉となった「ＫＡＲＯＳＨＩ」。だが、依然として過労死・過労自殺は減る兆しが見えない。長年、遺族に寄り添い、声なき声に耳を傾け続けてきた無料電話相談による救済の歩みをたどり、これからの課題を見据える。

森岡孝二、大阪過労死問題連絡会 編

1008

介護職がいなくなる――ケアの現場で何が起きているのか

超高齢社会が進む中で介護人材を増やしていかなければ、介護の質の低下を招く。利用者からのセクハラ・パワハラ、管理職の指導力・養成力の欠如、外国人介護士の受け入れなど、課題を明らかにし、解決策を提示する。

結城康博

1007

日本人の歴史認識と東京裁判

未だ声高に叫ばれる「東京裁判史観(＝自虐史観)克服論」。しかしたかだか数年の占領で歴史認識が全面的に改造されるほど、日本人は主体性のない国民なのか。不毛な議論に終止符を打つため、大きな歴史の流れの中に東京裁判を位置づけ直す。

吉田 裕

1006

安楽死・尊厳死を語る前に知っておきたいこと

安楽死・尊厳死をめぐる議論はなぜ混乱するのか？　知っておくべき歴史や背景、言葉のからくりを指摘し、その議論が陥りやすい落とし穴を明らかにする。「よい死」を語る前に「よい生」を、人間らしい尊厳ある生を追求する道筋を考える。

安藤泰至

1005

年表 昭和・平成史 新版――１９２６-２０１９

「昭和」「平成」合わせて九四年間の政治・経済・社会の主要な出来事を、一年一頁にまとめたコンパクトな年表。内閣一覧や世相を映す写真も収載し、時代の動きが一目で分かる。ブックレットのベストセラー年表の最新版。

中村政則、森武麿 編